Meister Eckhart, geboren um das Jahr 1260 in Hochheim bei Gotha, ist Anfang 1328 in Avignon gestorben.

»Mystische Schriften« stellt eine Auswahl dessen dar, was von Meister Eckhart auf uns gekommen ist. Der große theologische Lehrer zeigt sich hier ebensosehr als Erkenntnistheoretiker und Kritiker wie als Mystiker. Eckhart löst die Welt und Gott in dem auf, was er manchmal Gottheit nennt, was unaussprechbar ist, was aber jenseits von Zeit, Raum und Individualisierung und etwas Seelenhaftes ist. An die Stelle des Dinges setzt er eine psychische Kraft; an die Stelle von Ursache und Wirkung ein Fließen. Sein Pantheismus ist zugleich Panpsychismus. Seine Mystik ist Skepsis, freilich aber auch umgekehrt, die Skepsis seine Mystik. Christliche Dogmen und Überlieferungen reduzieren sich bei ihm zu symbolischen Bedeutungen. Übliche Vorstellungen betrachtet er von einer höheren Warte aus. Immer schreibt er als Sprechender, immer persönlich. Nie fehlt der begrifflichen Darlegung der Gefühlston und ebensowenig seinem Gefühlsüberschwang und seiner Versenkung ins abgründig Dunkle der Zügel der Nüchternheit. Das Nächste und uns gewöhnlich Erscheinende hat er uns entfremdet, fragwürdig gemacht und vertieft, das Fernste hat er uns nahegebracht: so etwa das Schweigen, das Unwissen, die Dunkelheit, die Freude, den namenlosen Gott, die Erneuerung des Geistes, die Beziehung Gott und Mensch.

insel taschenbuch 1302
Meister Eckhart
Mystische Schriften

Meister Eckhart
Mystische Schriften

Aus dem Mittelhochdeutschen
übertragen und mit einem Nachwort
versehen von Gustav Landauer

Insel Verlag

13. Auflage 2021

Erste Auflage 1991
insel taschenbuch 1302

Hinweise zu dieser Ausgabe am Schluß des Bandes
Vertrieb durch den Suhrkamp Taschenbuch Verlag
Umschlag nach Entwürfen von Willy Fleckhaus
Druck: CPI books GmbH, Leck
Printed in Germany
ISBN 978-3-458-33002-8

Meister Eckhart
Mystische Schriften

Vorwort

Mit der Freiheit, die Liebe und Verehrung gibt, habe ich in dieser Ausgabe der Mystischen Schriften Meister Eckharts alles weggelassen, was uns nichts sagt. Meister Eckhart ist zu gut für historische Würdigung; er muß als Lebendiger auferstehen.

Johann Eckhart oder Eckehart ist zwischen 1250 und 1270 wahrscheinlich in Hochheim bei Gotha geboren. Er war Prior des Dominikanerordens in Erfurt und Vikar in Thüringen; 1300 an der Pariser Universität; 1304 Provinzialprior von Sachsen, 1306 Generalvikar von Böhmen, 1314 Magister und Professor der Theologie in Straßburg, später in Köln, 1317 wird er nach Frankfurt versetzt. 1326 leitet der Kölner Bischof von Ochsenstein den Inquisitionsprozeß gegen ihn ein; er appelliert an den Papst und beeilte sich, 1327 zu sterben. 1329 erschien eine päpstliche Bulle, in der 26 Sätze Eckharts als ketzerisch verdammt wurden.

Die Lehrer, auf die er sich hauptsächlich stützt, sind: Dionysius Pseudareopagita, Augustinus, Thomas von Aquino; vermutlich hat er auch die verbotenen Schriften des Scotus Erigena gekannt. Durch Dionysius berührt er sich mit den Lehren der Neuplatoniker. Thomas und der ganze Geist seiner Zeit verbindet ihn mit den »Realisten«, so daß er wie sie die letzten und leersten Abstrakta für konkrete Dinge hält. Anderseits bringt ihn aber das auch dazu, die Gattung und Art als eine höhere Wirklichkeit anzusehen als die Individuen; so hat er starke Vorahnungen - trotz ganz primitiver

Naturkenntnisse - der Theorien, die teils infolge, teils entgegen den Lamarck-Darwinschen Aufstellungen bei uns im Werden sind.

Er ist ebensosehr Erkenntnistheoretiker und Kritiker als Mystiker. Er ist Pantheist, aber fast im umgekehrten Sinne als das, was man seit Spinozas Wiedererweckung darunter versteht. Dieser letztere Pantheismus löst - nicht im Sinne Spinozas freilich - den Gottesbegriff in der materiellen Welt auf; Eckhart dagegen löst die Welt *und* den Gott in dem auf, was er manchmal Gottheit nennt, was unaussprechbar und unvorstellbar ist, was aber jedenfalls etwas jenseits von Zeit, Raum und Individualisierung und etwas Seelenhaftes ist. An die Stelle des Dinges setzt er eine psychische Kraft; an Stelle von Ursache und Wirkung ein Fließen. Sein Pantheismus ist Panpsychismus; zugleich aber erklärt er, nicht zu wissen, was die Seele sei. Seine Mystik ist Skepsis; freilich aber auch umgekehrt.

Die christlichen Dogmen und Überlieferungen haben für ihn fast nur symbolische Bedeutung; nur erlaubt es ihm der Zeitgeist nicht zu fragen, wie es mit dem Verhältnis dieser Symbole zur Wirklichkeit bestellt sei. Die in der Kirche üblichen Vorstellungen betrachtet er als einer niedrigeren Stufe angehörig; aber es gelingt ihm nicht zu erkennen, daß diese Vorstellungen überhaupt keine Realität haben; vielleicht wird die Zukunft von unserm Verhältnis zu gewissen wissenschaftlichen Begriffen einmal dasselbe sagen. - Manchmal übrigens hat auch - wie wohl noch später bei Spinoza - die Vorsicht seine Einkleidung wählen helfen.

Er ist der Schöpfer der deutschen wissenschaftlichen

Prosa und einer ihrer größten Meister. Immer schreibt er als Sprechender, immer persönlich; nie fehlt der begrifflichen Darlegung der Gefühlston, und ebensowenig seinem Gefühlsüberschwang und seiner Versenkung ins abgründliche Dunkle der Zügel der Nüchternheit. Das Fernste hat er uns nah gebracht; das Nächste und gewöhnlich Scheinende hat er uns entfremdet, fragwürdig gemacht und vertieft. Er war ein Dichter, der aufs größte aus war und dem größten gewachsen. Perioden findet man bei ihm, die zum Hinreißendsten gehören, was irgend in Sprachen zu finden ist.

Seine Syntax, die er sich vermutlich vielfach im Anschluß an die gesprochene Sprache selbst geschaffen hat, habe ich nach Möglichkeit beizubehalten gesucht; ebenso wäre es verfehlt, an Stelle seiner technischen Ausdrücke, die er nach dem Muster lateinischer Scholastik hergestellt hat, die uns geläufigen blutlosen Wissenschaftsausdrücke zu setzen; bei ihm hat alles Farbe, Temperament, Ursprünglichkeit; seine Ausdrücke sind des Metaphorischen noch nicht entkleidet, sind noch nicht ausgelaugt; sie schaffen sich ihren Sinn erst während der Rede. Vielfach aber war es doch wieder nötig, die von ihm aus der Sprache der Wissenschaft in die Volkssprache übersetzten Termini wieder zurückzuübersetzen, damit das scharf in die Augen springt, was mich an dieser Ausgabe das Entscheidende dünkt: daß Meister Eckhart in all seiner Genialität nie ein mystizierender oder moralisierender Pietisterich war, daß er sich nie süßlicher Gottesminne ergeben hat, daß er nie perverser Askese gefröhnt hat: sondern daß er ein kühner Erschütterer war, der Hirne wie der Herzen, einer, der um die Welterkenntnis gerungen hat und der, lebensfreudig und urkräftig, die Grenzen der Sprache als ein Wissender überschritt, um jenseits seines Ichbewußtseins und des Begriffsdenkens stark und innig in der unsagbaren Welt zu versinken.

Das allermeiste, was von ihm überliefert ist, ist für uns völlig wertlos geworden, da es nur logisches Wortgetiftel ist, das damals die Naturwissenschaft ersetzen mußte, weil es an Beobachtungen und Kenntnissen fehlte. Wenn man bedenkt, wie viele angeblich philosophische, naturwissenschaftliche, medizinische Bücher aus der ersten Hälfte des 19. Jahrhunderts uns völlig unlesbar und Theologie geworden sind, wird man das besser verstehen, als wenn man glaubt, die Scholastik sei eine Spezialität des Mittelalters gewesen. Die folgende Auswahl bietet also etwa den fünften oder sechsten Teil dessen, was auf uns gekommen ist. Nichts, was Bedeutung hat, ist weggelassen.

Die Abteilung: Fragmente habe ich selbst geschaffen; es sind Bruchstücke aus Predigten, die im übrigen die Übertragung nicht lohnten. - Die Titel der einzelnen Stücke stammen meist von mir; die mittelhochdeutsch überlieferten dürften auch nicht von Eckhart selbst gewählt sein.

An dieser Stelle philologisch über meine Weglassungen und Textauslegung Rechenschaft zu geben, ist nicht meine Absicht, weil es für den Leser keinen Wert hätte. Wer meine Übersetzung kritisch prüfen will, kann von mir Auskunft erhalten.

Eine ausführlichere Einleitung wäre entweder nur eine geschickte Gruppierung dessen, was in längst vorhandenen Werken zu lesen ist; oder sie wüchse sich zu einer Geschichte der Erkenntniskritik des Mittelalters aus. Das könnte ein wunderschönes Buch werden, das sehr not tut; aber zunächst kann ich nur wünschen, daß ich es einmal schreiben werde. Dem Leser empfehle ich einstweilen, Jundts »Histoire du panthéisme populaire au moyen âge« zu lesen; daraus wird er erfahren, daß unser Meister nicht vom Himmel gefallen ist, sondern von einer starken Zeitströmung getragen wurde.

Etliche Bemerkungen zu Einzelheiten finden sich am Schluß des Buches.

Hermsdorf (Mark), 1903 *Gustav Landauer*

Predigten

Vom Schweigen

Wir begehen das Fest von der ewigen Geburt, die Gott der Vater geboren hat und ohne Unterlaß in der Ewigkeit gebiert, während dieselbe Geburt jetzt in der Zeit und in der Menschennatur sich ereignet. Der heilige Augustin sagt, diese Geburt geschehe immer. So sie aber nicht in mir geschieht, was hilft es mich dann? Denn daß sie in mir geschehe, daran liegt alles.

Wir haben ein Wort des Weisen: »Da alle Dinge mitten in einem Schweigen waren, da kam in mich von oben hernieder von dem königlichen Stuhle ein verborgenes Wort.« Von diesem Wort soll diese Predigt handeln.

»Inmitten des Schweigens ward mir zugesprochen ein verborgenes Wort.« Ach, Herr, wo ist dies Schweigen, und wo ist die Stätte, in der dieses Wort gesprochen wird?

Es ist in dem Lautersten, das die Seele aufweisen kann, in dem Edelsten, in dem Grunde, ja, in dem Wesen der Seele! Das ist das Mittel: Schweigen; denn da hinein kam nie eine Kreatur oder ein Bild, und die Seele hat da nicht Wirken noch Verstehen und weiß kein Bild davon, weder von sich selbst noch von irgendwelcher Kreatur.

Alle Werke, die die Seele wirkt, wirkt sie mit den Kräften. Alles, was sie versteht, versteht sie mit der Vernunft. Wenn sie denkt, tut sie es mit dem Gedächtnis. Wenn sie begehrt, tut sie es mit dem Willen, und dergestalt wirkt sie mit den Kräften und nicht mit dem

Wesen. All ihr Wirken nach außen haftet immer an einem Mittel. Die Kraft des Sehens bewirkt sie nur durch die Augen, anders kann sie kein Sehen bewirken oder zustande bringen. Und ebenso ist es mit allen andern Sinnen. All ihr Wirken nach außen bewirkt sie durch ein Mittel. Aber in dem Wesen ist kein Werk, daher hat die Seele im Wesen kein Werk als die Kräfte, mit denen sie wirkt, die fließen aus dem Grunde des Wesens, oder vielmehr: in diesem Grunde ist das Mittel Schweigen, hier ist allein Ruhe und eine Wohnung für diese Geburt und für dieses Werk, daß Gott der Vater allda sein Wort spreche, denn dieses ist von Natur nur dem göttlichen Wesen ohne irgendein Mittel zugänglich. Gott geht hier in die Seele mit seinem Ganzen, nicht mit seinem Teil. Gott geht hier in den Grund der Seele hinein. Niemand rührt an den Grund der Seele als Gott allein. Die Kreatur kann nicht in den Grund der Seele, sie muß in den Kräften außen bleiben. Da mag sie ihr Bild betrachten, mit Hilfe dessen sie eingezogen ist und Herberge empfangen hat. Denn jedesmal, wenn die Kräfte der Seele mit der Kreatur in Berührung kommen, nehmen und schöpfen sie Bilder und Gleichnisse von der Kreatur und ziehen sie in sich. Auf diese Weise entsteht ihre Kenntnis von der Kreatur. Die Kreatur kann nicht näher in die Seele kommen, und die Seele nähert sich jeder Kreatur nur dadurch, daß sie zunächst willig in sich ein Bild empfängt. Und von dem gegenwärtigen Bild aus nähert sie sich den Kreaturen, denn das Bild ist ein Ding, das die Seele mit den Kräften schöpft. Mag es ein Stein, ein Pferd, ein Mensch oder was immer sonst sein, das sie kennenlernen will, immer nimmt sie das

Bild hervor, das sie von ihnen abgezogen hat, und auf diese Weise kann sie sich mit ihnen vereinigen. Aber immer wenn ein Mensch auf diese Weise ein Bild empfängt, muß es notwendigerweise von außen durch die Sinne hereinkommen. Darum ist der Seele kein Ding so unbekannt wie sie sich selbst. Es sagt ein Meister, die Seele könne von sich kein Bild schöpfen oder abziehen. Darum kann sie sich selbst ganz und gar nicht kennenlernen. Denn Bilder kommen alle durch die Sinne herein: Daher kann sie kein Bild von sich selbst haben. Daher kennt sie alle andern Dinge, nur sich selber nicht. Von keinem Ding weiß sie so wenig wie von sich selbst, um des Mittels willen. Und das müßet ihr auch wissen, daß sie innen frei ist und ohne alle Mittel und Bilder auskommt, und das ist auch die Ursache, daß sich Gott frei mit ihr vereinigen kann ohne Bilder oder Gleichnisse. Du darfst das nicht lassen, du mußt die Möglichkeit, die du einem Meister zugestehst, Gott ohne alle Schranken zugeben. Je weiser aber und mächtiger ein Meister ist, um so unmittelbarer geschieht auch sein Werk und um so einfacher ist es. Der Mensch hat viele Mittel in seinen äußern Werken; bis er diese Werke hervorbringt, wie er sie in sich gebildet hat, dazu gehört viel Vorbereitung. Die Meisterschaft und das Werk des Mondes und der Sonne sind Erleuchten; das tun sie gar schnell. Sobald sie ihren Schein ausgießen, in demselben Augenblick ist die Welt an allen Enden voller Licht. Aber über ihnen ist der Engel, der bedarf noch weniger der Mittel für seine Werke und hat auch weniger Bilder. Der alleroberste Seraphim hat nur noch *ein* Bild. Alles was die unter ihm Stehenden in Mannigfaltigkeit wahrnehmen, nimmt er in einem wahr. Aber Gott bedarf keines Bildes und hat auch kein Bild: Gott wirkt in der Seele ohne alles Mittel, Bild oder Gleichnis, ja, tief in dem Grunde, wo nie ein Bild hinkam als er selbst mit seinem eigenen Wesen. Das kann keine Kreatur tun.

Wie gebiert Gottvater seinen Sohn in der Seele? Wie die Kreaturen tun, in Bildern und in Gleichnissen? Wahrlich, nein! sondern: Ganz in der Weise, wie er in der Ewigkeit gebiert, nicht minder und nicht mehr. Ja freilich, wie gebiert er da? Merket auf. Seht, Gottvater hat eine vollkommene Einsicht in sich selbst und ein abgründliches Durchkennen seiner selbst, ohne jedes Bild. Und so gebiert Gottvater seinen Sohn in wahrer Einsicht göttlicher Natur. Seht, in derselben Weise und in keiner andern gebiert Gott der Vater seinen Sohn im Grunde der Seele und in ihrem Wesen und vereinigt sich also mit ihr. Denn wäre da irgendein Bild, so wäre keine wahre Einheit da, und an der wahren Einheit liegt all ihre Seelheit und Seligkeit.

Es kann gefragt werden, ob diese Geburt besser im Menschen geschehe und vollbracht werde, wenn er sein Werk tue und sich so in Gott hineinbilde und hineindenke oder wenn er sich in einem Schweigen oder in einer Stille und in einer Ruhe halte und so Gott in ihm spreche und wirke, wenn er also allein auf Gottes Werk in ihm warte?

Ich weise darauf hin, meine Reden und Werke sind allein guten und vollkommenen Menschen gewidmet, in denen vor allem das würdige Leben und die edle Lehre unseres Herrn Jesu Christi lebendig ist. Die sollen nun erfahren, daß das Allerbeste und Alleredelste, wozu man in diesem Leben kommen kann, das ist, daß du schweigest und Gott allda wirken und sprechen lässest. Wo alle Kräfte von allen ihren Werken und Bildern abgezogen sind, da wird dies Wort gesprochen. Darum sprach er: »Mitten im Schweigen ward zu mir das heimliche Wort gesprochen.« Und darum, so du alle Kräfte allermeist einziehen kannst und in ein Vergessen aller Dinge und ihrer Bilder geraten, die du je in dich zogst, und je mehr du der Kreatur vergissest, um so näher bist du diesem und um so empfänglicher. Könntest du aller Dinge zumal unwissend werden, ja könntest du in ein Unwissen deines eigenen Lebens kommen, wie es Sankt Paulus geschah, als er sprach: »Ob ich in dem Leib war oder nicht, das weiß ich nicht, Gott aber weiß es wohl« - da hatte der Geist alle Kräfte so ganz in sich gezogen, daß er des Körpers vergessen hatte, da wirkte weder Gedächtnis noch Verstand, noch die Sinne, noch die Kräfte; ebenso geschah es Moses, da er die vierzig Tage auf dem Berge fastete und doch nicht schwächer wurde - so sollte der Mensch allen Sinnen entweichen und all seine Kräfte nach innen kehren und in ein Vergessen aller Dinge und seiner selber kommen. In diesem Sinne sprach ein Meister zur Seele: Zieh dich zurück von der Unruhe äußerer Werke, flieh also, und verbirg dich vor dem Gestürm äußerer Werke und inwendiger Gedanken, sie schaffen nur Unfrieden. Aber wenn Gott sein Wort in der Seele sprechen soll, muß sie in Friede und Ruhe sein, und dann spricht er sein Wort und sich selbst in der Seele, nicht ein Bild, sondern sich selbst. Dionysius spricht: Gott hat kein Bild oder Gleichnis seiner selbst, denn »gut« oder »wahr« gehört zu seinem Sein. Gott wirkt alle seine Werke in sich selbst und aus sich selbst in einem Augenblick. Du darfst nicht glauben, Gott habe, als er Himmel und Erde und alle Dinge machte, heute eines gemacht und morgen das andre. Zwar schreibt Moses so. Er wußte es gleichwohl viel besser: Er tat es nur um der Leute willen, die es nicht anders verstehen und fassen konnten. Gott tat nicht mehr dazu als das eine: er wollte, und sie wurden. Gott wirkt ohne Mittel und ohne Bilder. Je mehr du ohne Bild bist, je mehr du seines Einwirkens empfänglich bist und je mehr du in dich gekehrt und selbstvergessen bist, um so näher bist du diesem.

Hierzu ermahnte Dionysius seinen Jünger Timotheus und sprach: Lieber Sohn Timotheus, du sollst mit unbekümmerten Sinnen dich über dich selbst hinausschwingen und über alle deine Kräfte und über Weisen und über Wesen in die verborgene stille Finsternis, auf daß du zu einer Erkenntnis des unbekannten übergöttischen Gottes kommest. Es muß ein Wegsehen von allen Dingen sein. Gott verschmäht es, in Bildern zu wirken.

Nun könntest du fragen: Was wirkt denn Gott ohne Bild im Grund und im Wesen? Das kann ich nicht wissen, denn die Kräfte können nur in Bildern wahrnehmen und müssen alle Dinge in ihrem eigenen Bild wahrnehmen und erkennen. Sie können nicht einen Vogel in eines Menschen Bild erkennen, und darum, da alle Bilder von außen hereinkommen, ist es ihr verborgen, und das ist das allernützlichste. Denn Unwissen bringt sie zum Wundern und bewirkt es, daß sie diesem nachjagt, denn sie findet wohl, daß es ist, sie weiß nur nicht, wie und was es ist. Wenn aber der Mensch die Ursache der Dinge kennt, sofort ist er auch der Dinge müde und sucht wieder, ein andres zu erfahren, und hat doch immer einen Jammer, diese Dinge zu wissen, und hat doch kein Dabeibleiben, darum: Die unerkannte Erkenntnis hält sie bei diesem Bleiben und läßt sie doch nicht zur Ruhe kommen.

Davon sprach ein heidnischer Meister ein schönes Wort zu einem andern Meister: Ich werde etwas in mir gewahr, das glänzet in meiner Vernunft; ich merke wohl, daß es etwas ist, aber was es sei, das kann ich nicht verstehen, aber es dünkt mich, wenn ich es begreifen könnte, dann kennte ich alle Wahrheit. Da sprach der andre Meister: Wohlauf, dem folge nach! Denn könntest du es begreifen, so hättest du alles Gute beisammen und hättest ein ewiges Leben. In diesem Sinne sprach auch Sankt Augustin: Ich werde etwas in mir gewahr, das meiner Seele vorspielt und vorschwebt: würde das in mir vollendet und befestigt, das müßte ewiges Leben sein. Es verbirgt sich und tut sich doch kund; es kommt aber auf eine verstohlene Weise, als wolle es der Seele alle Dinge nehmen und stehlen. Aber damit, daß es sich ein wenig zeigt und offenbart, wollte es die Seele reizen und nach sich ziehen und sie ihres Selbst berauben und benehmen. Davon sprach der Prophet: »Herr, nimm ihnen ihren Geist, und gib ihnen dafür deinen Geist.« Das meinte auch die liebende Seele, als sie sprach: »Meine Seele zerschmolz und zerfloß, als die Liebe ihr Wort sprach: Als sie einging, da mußte ich hinschwinden.« Das meinte auch Christus, als er sprach: »Wer etwas um meinetwillen läßt, der wird hundertfältig wieder nehmen, und wer mich haben will, der muß auf sich selbst und auf alle Dinge verzichten, und wer mir dienen will, der muß mir folgen, er darf nicht dem Seinen folgen.«

Nun könntest du sagen: Wahrlich, Herr, ihr wollt den natürlichen Lauf der Seele umkehren! Ihre Natur ist, daß sie durch die Sinne wahrnimmt und in Bildern; wollt ihr die Sache umkehren? Nein! Was weißt du, was für Rangstufen Gott in die Natur gelegt hat, die noch nicht alle beschrieben sind, ja, die noch verborgen sind? Denn die von den Stufen der Seele schrieben, waren noch nicht weiter gekommen, als ihre natürliche Vernunft sie trug; sie waren nicht auf den Grund gekommen, daher mußte ihnen viel verborgen sein und blieb ihnen unbekannt. Alle Wahrheit, die die Meister je lehrten mit ihrer eigenen Vernunft und ihrem Verstand oder in Zukunft lehren bis an den jüngsten Tag, die verstanden nie das mindeste von diesem Wissen und diesem Verborgenen. Wenn es schon ein Unwissen heißt und eine Unerkanntheit, so hat es doch mehr in sich drinnen als alles Wissen und Erkennen von außen: Denn dies Unwissen des Äußern reizt und zieht dich von allen Wissensdingen und auch von dir selbst. Das meinte Christus, als er sprach: »Wer sich nicht selbst verleugnet und nicht Vater und Mutter läßt und alles was äußerlich ist, der ist meiner nicht würdig.« Als ob er spräche: Wer nicht alle Äußerlichkeit der Kreaturen läßt, der kann in diese göttliche Geburt weder empfangen noch geboren werden. Ja, wenn du dich deines Selbst beraubst und alles dessen, was äußerlich ist, dann findest du es in Wahrheit. Zu dieser Geburt verhelfe uns Gott, der neugeboren ist in Menschengestalt, daß wir armen Leute in ihm göttlich geboren werden, dazu verhelfe er uns ewiglich. Amen.

Vom Unwissen

»Wo ist, der geboren ist als König der Juden?« - Höret nun, wie diese Geburt vor sich geht.

Die ewige Geburt bringt allewege großes Licht in die Seele, denn es ist die Art des Guten, daß es sich ergießen muß, wo immer es ist. In dieser Geburt ergießt sich Gott mit solchem Licht in die Seele, daß das Licht so groß wird im Wesen und im Grunde der Seele, daß es sich hinausschleudert und in die Kräfte und auch in den äußern Menschen überfließt. Dieses Lichtes wird der Mensch wohl gewahr. Stets wenn er sich zu Gott kehrt, gleißt und glänzt in ihm ein Licht und gibt ihm zu erkennen, was er tun und lassen soll, und viel gute Lehre, wovon er vorher nichts wußte und verstand. »Woher weißt du das?« Merk auf. Dein Herz wird mächtig angefaßt und von der Welt abgekehrt. Wie anders könnte das geschehen als durch diese Erleuchtung? Die ist so zart und wonnig, daß dich alles verdrießt, was nicht Gott oder göttlich ist. Sankt Augustin sagt: Es gibt viele, die Licht und Wahrheit gesucht haben, aber nur immer draußen, wo sie nicht war. Und dann sind sie zuletzt so weit abgekommen, daß sie nimmermehr heim und nicht mehr hineinkommen. Wer also Licht finden will und Unterscheidung aller Wahrheit, der warte auf diese Geburt in sich und im Innern und nehme ihrer wahr: So werden alle Kräfte und der äußere Mensch erleuchtet. Denn so wie Gott das Innere mit der Wahrheit berührt hat, so wirft sich das Licht in die Kräfte und der Mensch versteht alsdann mehr als ihm jemand lehren könnte. Daher spricht der Prophet: »Ich habe mehr gewußt als alle, die mich je lehrten.«

Hier erhebt sich eine Frage. Da Gottvater allein im Wesen und im Grund der Seele gebiert und nicht in den Kräften, was geht es die Kräfte an? Was soll ihr Dienst hier, daß sie sich herbemühen und feiern helfen sollen! Wozu ist das not, da in den Kräften nichts geschieht? Das ist gut gefragt. Aber beachte die folgende Unterscheidung. Eine jede Kreatur wirkt ihr Werk um eines Zweckes willen. Der Zweck ist jederzeit das erste in der Meinung und das letzte im Werke. Daher beabsichtigt Gott mit allen seinen Werken einen seelischen Zweck, das heißt: sich selbst, und will die Seele mit all ihren Kräften zu ihrem Zweck führen, das heißt: zu Gott selbst. Darum wirkt Gott all seine Werke, darum gebiert der Vater seinen Sohn in der Seele, daß alle Kräfte der Seele zu ihrem Zwecke kommen. Er trachtet nach allem, was in der Seele ist, und ladet es alles zur Bewirtung und zu Hofe. Nun hat sich aber die Seele mit den Kräften nach außen zerteilt und zerstreut, jede in ihr Werk: die Sehkraft in das Auge, die Kraft des Gehörs in das Ohr, die Kraft des Schmeckens in die Zunge, und daher sind ihre Werke um so weniger imstande, inwendig zu wirken: Denn jede zerteilte Kraft ist unvollkommen. Darum muß sie, wenn sie inwendig kräftig wirken will, alle ihre Kräfte wieder heimrufen und sie von allen zerteilten Dingen zu einem inwendigen Wirken sammeln. Sankt Augustin sagt: Die Seele ist mehr, wo sie liebt, als wo sie dem Leib Leben gibt. Ein Gleichnis: Es war einmal ein heidnischer Meister, der hatte sich der Rechenkunst zugewandt und saß vor Stäben und zählte sie und ging seiner Wissenschaft nach. Da kam einer und zog sein Schwert (er wußte nicht, daß es der Meister war) und sprach: »Sprich schnell, wie du heißest, oder ich töte dich.« Der Meister war so sehr in sich gekehrt, daß er den Feind nicht sah noch hörte, noch merken konnte, was er wollte. Und als der Feind lange und viel gerufen hatte und der Meister immer noch nicht sprach, da schlug ihm jener den Kopf ab. Dies war um eine natürliche Kunst zu gewinnen. Wie ungleich mehr sollten wir uns allen Dingen entziehen und alle unsere Kräfte sammeln, um die einige, grenzenlose, ungeschaffene ewige Wahrheit zu schauen und zu erkennen! Hierzu sammle alle deine Vernunft und all dein Nachdenken: kehre das in die Tiefe, worinnen dieser Schatz verborgen liegt. Wisse, wenn dies geschehen soll, mußt du allen anderen Werken entfallen und mußt in ein Unwissen kommen, wenn du dies finden willst.

Es erhebt sich wieder eine Frage. Wäre es nicht angemessener, daß eine jede Kraft ihr eigenes Werk behielte und daß keine die andre an ihren Werken hindre und daß sie auch Gott nicht an seinen Werken hindre? In mir kann eine Art kreatürliches Wissen sein, das nichts hindert, wie Gott alle Dinge ohne Hindernis weiß, wie es bei den Seligen der Fall ist. Nun achtet auf den folgenden Unterschied. Die Seligen sehen in Gott ein Bild, und in dem Bild erkennen sie alle Dinge, ja Gott selbst sieht überhaupt nur in sich und erkennt in sich alle Dinge. Er braucht sich nicht von einem zum andern zu wenden, wie wir es müssen. Wäre es so bestellt in diesem Leben, daß wir allezeit einen Spiegel vor uns hätten, in dem wir in einem Augenblick alle Dinge in einem Bilde sähen und erkennten, so wäre uns Wirken und Wissen kein Hindernis. Da wir uns nun aber von einem zum andern wenden müssen, darum können wir uns nicht bei dem einen aufhalten ohne Hinderung des andern. Denn die Seele ist so ganz verbunden mit den Kräften, daß sie mit ihnen überall hinfließt, wo sie hinfließen, denn bei all den Werken, die sie wirken, muß die Seele dabei sein und zwar mit Aufmerksamkeit, sie vermöchten sonst mit all ihrem Wirken ganz und gar nichts. Fließt sie also mit ihrer Aufmerksamkeit äußerlichen Werken zu, so muß sie notwendigerweise um so schwächer bei ihrem inneren Werke sein, denn zu dieser Geburt will und muß Gott eine ledige, unbekümmerte, freie Seele haben, in der nichts sein darf als er allein, und die auf nichts und auf niemanden warten darf als auf ihn allein. Das meinte Christus, als er sprach: »Wer etwas anderes liebt als mich, und Vater und Mutter und diesen anderen Dingen gut ist, der ist meiner nicht wert. Ich bin nicht auf die Erde gekommen, um Friede zu bringen, sondern das Schwert, auf daß ich alle Dinge abschneide, und den Bruder, das Kind, die Mutter, den Freund von dir trenne, die fürwahr deine Feinde sind.« Denn was dir lieb ist, das ist fürwahr dein Feind. Will dein Auge alle Dinge sehen und dein Ohr alle Dinge hören und dein Herz aller Dinge gedenken, so muß wahrlich von all diesen Dingen deine Seele zerstreut werden.

Darum spricht ein Meister: Wenn der Mensch ein inwendiges Werk wirken will, so muß er all seine

Kräfte in sich ziehen, wie in einen Winkel seiner Seele, und muß sich verbergen vor allen Bildern und Formen, und da kann er dann wirken. Da muß er in ein Vergessen und in ein Nichtwissen kommen. Es muß in einer Stille und in einem Schweigen sein, wo dies Wort gehört werden soll. Man kann diesem Wort mit nichts besser nahen als mit Stille und mit Schweigen: Dann kann man es hören und alsdann versteht man es ganz in dem Unwissen. Wenn man nichts weiß, dann zeigt und offenbart es sich.

Nun könntet ihr sagen: Herr, ihr setzt all unser Heil in ein Unwissen. Das klingt wie ein Mangel. Gott hat den Menschen geschaffen, daß er wisse; wo Unwissen ist, da ist Verneinung und Leere. Der Mensch ist, das muß wahr sein, ein Tier, ein Affe, ein Tor, solange er im Unwissen verharrt. Das Wissen aber soll sich formen zu einer Überform, und dies Unwissen soll nicht vom Nichtwissen kommen, vielmehr: Vom Wissen soll man in ein Unwissen kommen. Dann sollen wir wissend werden des göttlichen Unwissens, und dann wird unser Unwissen geadelt und geziert mit dem übernatürlichen Wissen. Und hier wo wir uns empfangend verhalten, sind wir vollkommener, als wenn wir wirkten. Darum sprach ein Meister, daß die Kraft des Hörens auf viel höherer Stufe stände als die Kraft des Sehens, denn man lernt mehr Weisheit mit dem Hören als mit dem Sehen und lebt hier mehr in der Weisheit. Man erzählt von einem heidnischen Meister, daß seine Jünger, als er im Sterben lag, in seiner Anwesenheit von viel Kunst und großer Erkenntnis redeten, da hob er sein Haupt noch als Sterbender auf und hörte zu und sagte: »Fürwahr, ich möchte diese Kunst noch lernen, daß ich sie in der Ewigkeit anwenden kann.« Das Hören bringt mehr herein, aber das Sehen zeigt mehr hinaus. Und darum werden wir im ewigen Leben viel seliger sein in der Kraft des Hörens als in der Kraft des Sehens. Denn das Werk des Hörens des ewigen Wortes ist in mir, und das Werk des Sehens geht von mir, und beim Hören bin ich empfangend und beim Sehen wirkend.

Unsere Seligkeit aber liegt nicht an unsern Werken, vielmehr daran, daß wir Gott empfangen. Denn um so viel höher Gott steht als die Kreatur, um so viel höher steht das Werk Gottes als das meine. Ja, aus grenzenloser Liebe hat Gott unsere Seligkeit in ein Empfangen gelegt, indem wir mehr empfangen als wirken und bei weitem mehr nehmen als geben, und jede Gabe bereitet die Empfänglichkeit für eine neue, ja für eine größere Gabe, eine jede göttliche Gabe erweitert die Empfänglichkeit und die Begehrnis nach einer größeren Empfängnis. Und darum sagen etliche Meister, daß darin die Seele Gott ebenmäßig sei. Denn so grenzenlos Gott im Geben ist, so grenzenlos ist auch die Seele im Vernehmen oder Empfangen. Und wie Gott im Wirken allmächtig ist, so ist die Seele ein Abgrund des Nehmens, und darum wird sie mit Gott und in Gott überformt. Gott soll wirken, und die Seele soll empfangen, er soll in ihr sich selbst erkennen und lieben, sie soll erkennen mit seiner Erkenntnis und soll lieben mit seiner Liebe, und darum ist sie viel seliger vom seinen als vom ihren, und ihre Seligkeit beruht mehr in seinem Wirken als in ihrem.

Den Sankt Dionysius fragten seine Jünger, warum sie alle von Timotheus an Vollkommenkeit überholt würden? Da sprach Dionysius: Timotheus ist ein gottempfangender Mann. Wer sich darauf recht verstünde, der überholte alle Menschen. Und so ist dein Unwissen nicht ein Mangel, sondern deine oberste Vollkommenheit, und dein Nichttun ist so dein oberstes Werk. Und so in dieser Weise mußt du alle deine Werke abtun und all deine Kräfte zum Schweigen bringen, wenn du in Wahrheit diese Geburt in dir erleben willst. Willst du den geborenen König finden, so mußt du alles, was du sonst vielleicht findest, überholen und zu Boden werfen. Daß wir das alles überholen und verlieren, was diesem geborenen König nicht wohlgefällt, dazu verhelfe uns der, der darum zum Menschenkind geworden ist, damit wir Gotteskind werden. Amen.

Von der Dunkelheit

Man liest im Evangelium, als unser Herr zwölf Jahre alt war, da ging er mit Maria und Joseph nach Jerusalem in den Tempel, und als sie von dannen gingen, da blieb Jesus im Tempel, ohne daß sie es wußten, und als sie nach Hause kamen und ihn vermißten, suchten sie ihn unter den Bekannten und Unbekannten und unter den Verwandten und in der Menge und fanden ihn nirgends, sie hatten ihn in der Menge verloren und mußten daher wieder hingehen, von wo sie gekommen waren, und als sie wieder an den Anfang kamen, in den Tempel, da fanden sie ihn.

So ist es in Wahrheit; willst du diese edle Geburt finden, so mußt du alle Menge verlassen und mußt zum Anfang zurückkehren und in den Urgrund, von dem du ausgegangen bist. Alle Kräfte der Seele und ihr Werk sind bloß Menge; Gedächtnis, Verstand und Wille vermannigfaltigen sich alle, darum mußt du sie alle lassen: Sinnlichkeit, Vorstellungen und alles, worin du dich selbst findest oder suchst. Dann kannst du diese Geburt finden, aber sonst wahrlich nicht. Er ward nie unter Freunden oder Verwandten und Bekannten gefunden, vielmehr verliert man ihn da völlig.

Darum haben wir eine Frage hierüber: Ob der Mensch diese Geburt etwa finden könne in etlichen Dingen, die zwar göttlich sind, aber von außen hineingetragen durch die Sinne, wie einige Vorstellungen von Gott, zum Beispiel, daß Gott gut, weise, barmherzig oder etwas dergleichen ist, was die Vernunft schöpfen kann und was auch göttlich ist: ob man in all diesem diese Geburt etwa finden könne? In Wahrheit, nein! Obwohl das alles gut und göttlich ist, ist es doch alles von außen durch die Sinne hineingetragen worden: Es muß alles von innen auf von Gott herausquellen, wenn diese Geburt eigen und rein hineinleuchten soll, und all dein Werk muß sich hinlegen, und all deine Kräfte müssen den seinen dienen und nicht den deinen. Soll dies Werk vollkommen sein, so muß es Gott allein wirken, und du darfst es allein empfangen. Wo du mit deinem Willen und deinem Wissen wahrhaft ausgehst, da geht Gott wahrhaft und willig mit seinem Wissen ein und leuchtet da in Klarheit. Wo sich Gott aber wissen will, da kann dein Wissen nicht bestehen und zu nichts dienen. Du brauchst nicht zu wähnen, deine Vernunft könne noch so wachsen, daß du Gott erkennen könntest, sondern wenn Gott in dir göttlich leuchten soll, dazu fördert dich ein natürliches Licht keineswegs, es muß vielmehr zu lauter Nichts werden und völlig ausgehen; und dann kann Gott mit seinem Licht hineinleuchten und bringt all das mit sich, das dir ausgegangen ist, und tausendfach mehr und eine neue Form dazu, die alles in sich schließt.

Nun könntest du sagen: »Wahrlich, Herr, was soll dann meine Vernunft, wenn sie so untätig stehn muß ohne alles Wirken? Ist das der nächste Weg, daß ich mein Bewußtsein zu einer unerkannten Erkenntnis erhebe, die es doch nicht geben kann? Denn erkennte ich etwas, so wäre es nicht Unerkanntheit und wäre nicht frei und losgelöst: Soll ich denn ganz und gar in Dunkelheit stehen?« Ja gewiß, du wirst nie besser stehn können, als wenn du dich völlig in Dunkelheit und Unwissen setzest. »Ach, Herr, muß ich alles abtun, läßt sich das gar nicht wenden?« Nein, wahrhaftig, das läßt sich wirklich nicht wenden. »Was ist aber diese Dunkelheit, wie heißt sie, oder wie ist ihr Name?« Ihr Name ist lediglich: Möglichkeit des Empfangens, das der seienden Dinge nicht bedürftig ist, und dahin sollst du gebracht werden. Und das läßt sich nicht ändern. Wie die Materie nicht ruhet, bis sie mit allen Formen erfüllt ist, so ruht auch die Vernunft nimmer, bis sie erfüllt ist mit allem, was in ihr möglich ist.

Es spricht ein heidnischer Meister: Die Natur hat nichts, was rascher wäre als der Himmel, der überrascht alle Dinge mit seinem Lauf. Aber sicherlich! Des Menschen Bewußtsein überrascht ihn noch mit seinem Lauf. Bliebe es in seinem Vermögen wirksam und hielte es sich unverhöhnt und unzerrissen von niedern und groben Dingen, es flöge höher als der höchste Himmel und ließe nimmer ab, es käme in das Allerhöchste und würde da gespeist und geführt von dem allerbesten Gut, das Gott ist.

Und darum ist es nützlich, dieser Möglichkeit nachzufolgen und sich frei und losgelöst zu halten und allein dieser Dunkelheit und diesem Unwissen nachzufolgen und nachzuhängen und nachzuspüren und nicht davon abzulassen, so ist es dir wohl möglich, den zu erreichen, der alle Dinge ist. Und je mehr in dir selbst Wüste ist und Unwissenheit aller Dinge, je näher kommst du diesem. Von dieser Wüste steht bei Jeremias geschrieben: »Ich will meine Freundin in die Wüste führen und in ihrem Herzen mit ihr sprechen.« Das wahre Wort der Ewigkeit wird allein in der Ewigkeit ausgesprochen, wo der Mensch Wüste ist und seiner selbst und aller Mannigfaltigkeit entfremdet. Nach dieser Wüste und Fremde begehrte der Prophet, als er sprach: »Ach, wer gibt mir Flügel wie die Taube hat, auf daß ich fliegen könnte, wo ich Ruhe finde?« Wo findet man Ruhe und Rast? Wahrlich, da wo man aller kreatürlichen Dinge entworfen und entwüstet und entfremdet ist. In diesem Sinne sagt David: »Ich erwählte lieber, verworfen und verschmäht zu sein im Haus meines Gottes, als große Ehren und Reichtum zu haben in der Taberne der Sünder.«

Nun könntest du sagen: »Führwahr, Herr, muß das immer und notwendig so sein, daß man aller Dinge entfremdet und zerwüstet ist, äußerlich und innerlich, der Kräfte und ihrer Werke, muß das alles hinab? Das ist ein schwerer Stand, wenn Gott den Menschen so ohne seinen Aufenthalt läßt, wenn Gott der Menschen Verlassenheit so dehnt, daß er nicht in ihm ist, leuchtend oder zusprechend oder wirkend, wie Ihr hier lehret und meinet. Wenn der Mensch so in lauter Nichts steht, ist es dann nicht besser, daß er etwas tue, um diese Dunkelheit und Entfremdung zu vertreiben, zum Beispiel, daß er bete oder lese oder eine Predigt höre oder andere Werke tue, was doch Tugenden sind, mit denen man sich helfen soll?« Nein, das sollst du in Wahrheit wissen: Ganz und sehr stille und ganz und gar leer zu verharren ist dein allerbestes. Das merke. Ohne Schaden kannst du dich nicht wieder irgend zu Dingen wenden. Das ist sicher: Du wärest gern bereit, ein Teil von dir und ein Teil von ihm, das aber kann nicht sein.

Du kannst des Bereitseins nicht einmal denken oder begehren, wenn nicht Gott vorher da ist. Gesetzt aber, es sei geteilt, das Bereitsein und das Wirken oder Eingießen sei dein und sein, was ja möglich ist, so mußt du wissen, daß Gott wirken und eingießen muß, sobald er dich bereit findet. Du darfst nicht wähnen, es sei mit Gott wie mit der Person eines Zimmermanns, der wirkt und nicht wirkt, wie er will, es steht in seinem Willen, wie er Lust hat zu tun und zu lassen. So steht es aber nicht um Gott: Sondern wenn Gott dich bereit findet, so muß er wirken und sich in dich ergießen, ebenso wie wenn die Luft lauter und rein ist, die Sonne sich ergießen muß und sich dessen nicht enthalten kann. Fürwahr, es wäre ein arg großer Fehler an Gott, wenn er nicht große Werke in dich wirkte und großes Gut in dich gösse, sowie er dich frei und entblößt findet.

Es lehren uns die Meister, daß in demselben Moment, wo die Materie des Kindes im Mutterleib bereit ist, in demselben Augenblick gießt Gott in den Leib den lebendigen Geist, das heißt die Seele, die des Leibes Form ist. Es ist *ein* Augenblick bereit zu sein und einzugießen. Wenn die Natur auf ihr Höchstes kommt, so tritt Gottes Gnade ein: In demselben Moment, wo der Geist bereit ist, geht Gott hinein ohne Aufschub und ohne Zögern. Im Buch der Geheimnisse steht geschrieben, daß unser Herr dem Volke entbot: »Ich stehe vor der Tür und klopfe und warte, wer mich einläßt, mit dem will ich schmausen.« Du brauchst ihn nicht zu suchen, nicht da und nicht dort: Er ist nicht entfernter als vor der Türe des Herzens, da steht er und harrt und wartet, wen er bereit findet, der ihm auftue und ihn einlasse. Du brauchst ihn nicht in der Ferne zu rufen: Ihn kommt das Warten, bis du auftust, härter an als dich. Er bedarf deiner tausendmal mehr als du seiner: Das Auftun und das Hineingehen ist nur ein Moment.

Nun könntest du fragen: Wie kann das sein? Ich empfinde ihn doch nicht. Nun paß auf. Das Empfinden ist nicht in deiner Gewalt, sondern in seiner. So es ihm ansteht, so zeigt er sich, und kann sich verbergen, so er will. Das mußt du wissen: Gott kann nichts leer oder hohl lassen; daß irgend das geringste leer oder hohl sei, das kann der Naturgott nicht leiden. Darum, wenn es dich dünkt, du fändest ihn nicht und er sei nicht in dir, dem ist nicht so. Denn wäre irgend etwas leer unterm Himmel, es wäre was es wollte, groß oder klein, so zöge es entweder der Himmel zu sich hinauf, oder er müßte sich herniederneigen und den Himmel hineingießen. Gott, der Meister der Natur, leidet es durchaus nicht, daß irgend etwas leer sei. Darum steh still und wanke nicht, denn du kannst dich zur Stunde von Gott abwenden und kommst dann nimmermehr zu ihm.

Du könntest fragen: Soll der Mensch sich kasteien, und versäumt er etwas, wenn er sich nicht in der Buße übt? Höre. Alles Bußleben ist neben andern Ursachen darum erfunden, sei es nun Fasten, Wachen, Beten, Geißeln, härene Hemden tragen, hart liegen oder was sonst immer, das ist alles darum erdacht, weil der Leib und das Fleisch sich allezeit dem Geist entgegengestellt. Der Leib ist ihm viel zu stark, ein richtiger

Kampf ist immerzu unter ihnen, ein ewiger Streit. Der Leib ist hier kühn und stark, denn er ist hier zu Hause, die Welt hilft ihm, die Erde ist sein Vaterland, ihm helfen hier alle seine Verwandten: die Speise, der Trank, die Schönheit: das ist alles gegen den Geist. Der Geist ist hier fremd, aber im Himmel sind alle seine Verwandten und sein ganzes Geschlecht: da ist er gar heimisch. Um dem Geist zu Hilfe zu kommen in dieser Fremde und das Fleisch etwas zu schwächen in diesem Streit, damit der Leib den Geist nicht überwindet, darum tut man ihn den Zaum der Bußübungen an, und darum bedrückt man ihn, damit der Geist sich seiner erwehren könne. Da man ihm das tut, damit er ein Gefangener sei, so lege ihm, wenn du ihn tausendmal besser fangen und beladen willst, den Zaum der Liebe an. Mit der Liebe überwindest du ihn am allerschnellsten, und mit der Liebe belädst du ihn am stärksten. Und darum stellt uns Gott mit keinen Dingen so sehr nach, wie mit der Liebe. Denn mit der Liebe geht es just ebenso wie mit der Angel des Fischers. Der Fischer kann den Fisch nicht erhalten, wenn der sich nicht an der Angel fängt. Wenn er nach der Angel schnappt, dann ist der Fischer seiner sicher: Wohin sich der Fisch dann wendet, hin oder her, der Fischer hat ihn ganz sicher. So spreche ich auch von der Liebe: Wer von ihr gefangen wird, der hat das allerstärkste Band und doch eine süße Bürde. Wer diese süße Bürde auf sich genommen hat, der erreicht damit mehr und kommt weiter damit als mit all der Buße und Strenge, die je Menschen üben könnten. Er kann auch sanft und geduldig alles tragen und leiden, was ihn trifft und was Gott über ihn verhängt. Nichts macht dich Gott so eigen, und durch nichts wird Gott dir so eigen als durch dieses süße Band. Wer diesen Weg gefunden hat, der suche keinen andern. Wer an dieser Angel haftet, der ist so gefangen, daß der Fuß und die Hand, der Mund, die Augen, das Herz und alles was am Menschen ist, das muß alles Gott zu eigen sein. Und darum kannst du diesen Feind niemals besser überwinden, daß er dir nicht schade, als mit der Liebe. Wer in diesem Stricke gefangen ist und in diesem Wege wandelt, welch Werk er immer wirke, das wirkt die Liebe. Seine Ruhe ist besser als eines andern Wirken. Darum warte allein auf diese Angel, so wirst du selig gefangen, und je mehr gefangen desto mehr befreit. Daß wir so gefangen und befreit werden, dazu verhelfe uns der, der selber die Liebe ist. Amen.

Von stetiger Freude

Die Seele hat etwas in sich, ein Fünklein der Vernünftigkeit, das nimmer erlischt, und in dies Fünklein versetzt man das Bild der Seele als in das oberste Teil des Bewußtseins; und es ist auch ein Erkennen in unsern Seelen, das äußern Dingen nachgeht, nämlich das sinnliche und Verstandeserkennen, das in Gleichnissen und in der Sprache vor sich geht, das verbirgt uns dies. Wie sind wir Söhne Gottes? Das ist, daß wir *ein* Wesen haben mit ihm. Doch was wir darunter verstehen, daß wir Söhne Gottes sind, das ist zu verstehen von dem äußern Verstehen und von dem innern Verstehen. Das innere Erkennen ist, was sich vernünftig fundiert auf das Wesen unserer Seele. Doch ist es nicht das Wesen der Seele, es ist vielmehr darein gewurzelt und ist etwas vom Leben der Seele. Wir sagen, daß das Verstehen etwas Lebendes der Seele sei, das heißt vernünftiges Leben, und in diesem Leben wird der Mensch geboren zu Gottes Sohn und zu dem ewigen Leben, und dies Erkennen ist ohne Zeit, ohne Raum, und ohne Hier und ohne Jetzt. In diesem Leben sind alle Dinge eins und alle Dinge gemeinsam, alle Dinge alles in allem und allem geeinigt.

Gott macht, daß wir ihn selbst erkennen, und sein Wesen ist sein Erkennen, und es ist dasselbe, daß er mich erkennend macht, und daß ich erkenne, und darum ist sein Erkennen mein: Wie das, was der Meister lehrt und der Schüler gelehrt wird, ein und dasselbe ist. Und wenn also sein Erkennen mein ist, und wenn seine Substanz sein Erkennen ist und seine Natur und sein Wesen, so folgt daraus, daß sein Wesen und seine Substanz und seine Natur mein ist. Und wenn also seine Substanz, sein Wesen und seine Natur mein ist, so bin ich der Sohn Gottes. Seht, Brüder, welche Liebe uns Gott geschenkt hat, daß wir Sohn Gottes heißen und sein eigen.

Merkt, wie wir Söhne Gottes werden: wenn wir dasselbe Wesen haben, das der Sohn hat. Wie ist man der Sohn Gottes, oder wie weiß man es, wenn Gott niemandem gleich ist? Das ist wahr. Wenn es also Gottes Natur ist, daß er niemandem gleich ist, so ist es notwendig, daß wir dazu kommen, daß wir nichts sind, auf daß wir in dasselbe Wesen gesetzt werden können, das er selbst ist. Daher kann ich, wenn ich dazu komme, daß ich mich in Nichts umbilde und Nichts in mich umbilde, und hinaustrage und hinauswerfe, was in mir ist, in das reine Wesen des Geistes versetzt werden. Da muß alles ausgetrieben werden, was Gleichnis ist, daß ich in Gott verwandelt werde und eins mit ihm werde und eine Substanz und ein Wesen und eine Natur und der Sohn Gottes. Und wenn das geschehen ist, dann ist nichts in Gott verborgen, was nicht offenbar wird und was nicht mein wird. Denn dann werde ich weise und mächtig und ganz wie er und ein und dasselbe mit ihm. Dann wird Zion ein Wahrsehender, ein wahrer Israel, das heißt ein sehender Mann: Gott, denn ihm ist nichts verborgen in der Gottheit. Da wird der Mensch in Gott geführt. Aber damit mir nichts verborgen bleibe und alles offenbar werde, darf in mir kein Gleichnis und kein Bild mehr vorhanden sein, denn kein Bild kann uns die Gottheit oder sein Wesen öffnen. Bliebe irgendein Bild in dir oder irgendein Gleichnis, so würdest du nimmer eins mit Gott. Damit du also mit Gott eins seist, darf nichts in dir eingebildet oder ausgebildet sein, das heißt, alles was in dir verborgen ist, muß offen und hinausgeworfen werden.

Es gibt zweierlei Geburt der Menschen: eine in der Welt und eine aus der Welt, das heißt geistig in Gott. Willst du wissen, ob dein Kind geboren werde und ob es entledigt sei, das heißt, ob du zu Gottes Sohn gemacht seist: Solange du Leid in deinem Herzen hast um irgendein Ding [es sei denn um Sünde], solange ist dein Kind nicht geboren. Hast du Herzeleid, so bist du nicht Mutter, du bist vielmehr in der Gebärung und nahe der Geburt. Daran darfst du nicht zweifeln, wenn du traurig bist um dich oder um deinen Freund, so ist es nicht geboren, es ist aber nahe an der Geburt. Aber dann ist es vollkommen geboren, wenn der Mensch von Herzen kein Leid empfindet um irgendein Ding: Dann hat der Mensch das Wesen und die Natur und die Substanz und die Weisheit und die Freude und alles was Gott hat, dann wird dieses Wesen des Sohnes Gottes unser und in uns, und wir kommen in dieses Wesen Gottes.

Christus sagt: »Wer mir nachfolgen will, der verleugne sich selbst und hebe sein Kreuz auf und folge mir.« Das heißt: Wirf alles Herzeleid hinaus, auf daß in deinem Herzen nichts als stetige Freude sei. Dann ist das Kind geboren. Wenn dieses Kind in mir geboren ist, sähe ich gleich meinen Vater und alle meine Freunde vor meinen Augen tot, mein Herz wäre darum nicht bewegt. Aber würde mein Herz von diesem bewegt, so wäre das Kind in mir nicht geboren, aber vielleicht wäre es nahe der Geburt. Ich sage, Gott und die Engel haben so große Freude über jedes Werk eines guten Menschen, daß dem keine Freude zu vergleichen ist. Darum sage ich: Wenn das Kind in dir geboren wird, so hast du so große Freude über jedes gute Werk, das in dieser Welt geschieht, daß deine Freude die allergrößte Stetigkeit wird, so daß sie sich nicht ändert. Und bin ich ganz in das göttliche Wesen verwandelt, so wird Gott mein und alles was er hat. Dann habe ich rechte Freude, die nicht Leid noch Pein von mir nehmen kann, denn dann bin ich in das göttliche Wesen versetzt, wo kein Leiden Platz hat. Wenn du also dazu kommst, daß du um nichts mehr Leid noch Kummer trägst und daß dir alles eine reine Freude ist, dann ist das Kind in Wahrheit geboren. Daß uns dies widerfahre, das walte Gott. Amen.

Von der Stadt der Seele

Intravit Jesus in quoddam castellum et mulier qaedam excepit illum etc. (Luc. X, 38). Ich habe eben ein Wörtlein auf lateinisch gesprochen, das im Evangelium steht und auf deutsch also heißt: »Unser Herr Jesus Christus ging in ein Städtchen und ward von einer Jungfrau empfangen, die ein Weib war.«

Fürwahr, achtet nun aufmerksam dieses Worts. Es muß notwendig so sein, daß der Mensch, von dem Jesus empfangen ward, eine Jungfrau war. Jungfrau heißt soviel, wie ein Mensch, der aller fremden Bilder ledig ist, so ledig wie er war, als er nicht war. Seht, nun könnte man fragen: Der Mensch, der geboren und zu vernünftigem Leben vorgeschritten ist, wie kann der so frei von allen Bildern sein, wie damals als er nicht war, da er doch viel weiß, und das sind alles Bilder: wie kann er dann frei sein?

Nun achtet auf die Unterscheidung, auf die ich euch hinweisen will. Wäre ich so vernünftig, daß alle Bilder, die je Menschen empfangen haben und die in Gott selbst sind, vernünftig in mir stünden, und zwar, daß ich sie, im Tun und im Lassen, ohne Eigenschaft begriffen hätte, ohne Vor und ohne Nach, daß sie vielmehr in diesem gegenwärtigen Nu frei und ledig nach dem liebsten Willen Gottes stünden, um dem ohne Unterlaß nachzukommen, dann wäre ich in Wahrheit Jungfrau, unbehindert von allen Bildern, und wahrscheinlich so wie ich war, als ich nicht war. Wie die Meister sagen, daß gleich und gleich allein eine Sache der Einheit sei, so muß auch der Mensch keusch sein und Jungfrau, der den keuschen Jesus empfangen will.

Ich sage ferner, daß eine Kraft in der Seele ist, die nicht Zeit noch Fleisch berührt, sie fließt aus dem Geiste und bleibt in dem Geiste und ist ganz geistig. In dieser Kraft ist Gott allzumal grünend und blühend in aller Freude und in aller Ehre, wie er in sich selber ist. Da ist so herzliche Freude und so unbegreiflich große Freude, daß niemand genug davon sagen kann. Denn der ewige Vater gebiert seinen ewigen Sohn in dieser Kraft ohne Unterlaß, so daß diese Kraft den Sohn des Vaters mitgebären hilft und sich selber denselben Sohn in der einigen Kraft des Vaters. Und hätte ein Mensch ein ganzes Königreich oder allen Reichtum der Erde und ließe das rein um Gottes willen und würde einer der ärmsten Menschen, der je auf Erden lebte, und gäbe ihm dann Gott so viel zu leiden, als er je Menschen auferlegt hat, und litte er alles dies bis an seinen Tod, und gäbe ihm dann Gott einen Augenblick zu schauen, wie er in dieser Kraft ist: Seine Freude würde so groß, daß all dies Leiden und diese Armut dann noch zu klein wäre. Ja, gäbe ihm Gott gar hernach kein Himmelreich mehr, er hätte dann doch noch zu großen Lohn empfangen für alles, was er je gelitten: Denn Gott ist in dieser Kraft wie in dem ewigen Nu. Wäre der Geist allezeit mit Gott in dieser Kraft vereint, der Mensch könnte nicht altern. Denn das Nu, worin Gott den ersten Menschen machte, und das Nu, worin der letzte Mensch vergehen soll, und das Nu, worin ich spreche, die sind gleich in Gott, und es ist nichts als *ein* Nu. Nun seht, dieser Mensch wohnt in *einem* Licht mit

Gott, darum ist in ihm weder Empfangen noch Nachfolgen, sondern eine gleiche Ewigkeit. Diesem Menschen ist in Wahrheit gar viel abgenommen und alle Dinge stehen wesenhaft in ihm. Darum empfängt er nichts Neues von künftigen Dingen und von keinem Zufall, denn er wohnt in einem Nu, allezeit neu grünend und ohne Unterlaß. Solche göttliche Herrlichkeit ist in dieser Kraft.

Noch eine Kraft gibt es, die auch unkörperlich ist: Sie fließt aus dem Geiste und bleibt im Geiste und ist ganz geistig. In dieser Kraft ist Gott ohne Unterlaß glimmend und brennend mit all seinem Reichtum, mit all seiner Süßigkeit und mit all seiner Wonne. Wahrlich, in dieser Kraft ist so große Freude und so große maßlose Wonne, daß niemand wahr genug davon sprechen und künden kann. Ich sage aber, gäbe es einen einzigen Menschen, der hierin einen Augenblick in Wahrheit und vernünftig die Wonne und die Freude schaute: alles was er leiden könnte und was Gott von ihm gelitten haben wollte, das wäre ihm alles wenig und sogar nichtig, ja ich sage: es wäre ihm zumal eine Freude und eine Wohltat.

Ich habe manchmal gesagt, es sei eine Kraft im Geiste, die allein frei sei. Zu Zeiten habe ich gesagt, es sei eine Hütte des Geistes; zu Zeiten habe ich gesagt, es sei ein Licht des Geistes; zu Zeiten habe ich gesagt, es sei ein Fünklein. Ich sage aber jetzt: Es ist weder dies noch das. Es ist überhaupt kein Etwas; es ist höher über dies und das als der Himmel über der Erde. Darum nenne ich es jetzt in einer edleren Weise, als ich es früher nannte, und doch geht es über Edelkeit und Gradunterschiede und Weisen hinaus und ist darüber erhoben. Es ist von allen Namen frei und von allen Formen ganz los, ledig und frei, wie Gott in sich selbst ledig und frei ist. Es ist so ganz eins und einfach, wie Gott eins und einfach ist, daß man auf keine Weise es anschaulich machen kann. Dieselbe Kraft, von der ich gesprochen habe, in der ist Gott blühend und grünend mit all seiner Gottheit und der Geist in Gott, in derselben Kraft, worin der Vater seinen eingeborenen Sohn gebiert, wahrlich wie in sich selber, und der Geist gebiert mit dem Vater denselben Sohn und sich selber und ist derselbe Sohn in diesem Licht und ist die Wahrheit. Könntet ihr mit meinem Herzen zuhören, ihr verstündet wohl, was ich spreche, denn es ist wahr, und die Wahrheit spricht es selbst.

Seht, nun paßt auf, so eins und einfach ist diese Stadt in der Seele, von der ich euch spreche und die ich meine, und über alle Weise erhaben, daß die edle Kraft, von der ich gesprochen habe, nicht würdig ist, jemals einen Augenblick hineinzublicken, und ebenso die andere Kraft, worin Gott glimmt und brennt, die darf auch niemals hineinblicken, so gar eins und einfach ist diese Stadt, und so über aller Weise und allen Kräften ist dies einig Eine, daß ihm niemals Kraft oder Weise zuschauen kann, ja nicht einmal Gott selbst. Mit guter Wahrheit! und so wahr Gott lebt, Gott selbst schaut niemals einen Augenblick hinein und hat nie hineingesehen, insofern er sich darstellt in einer Weise und in der Eigenschaft seiner Personen. Dies ist gut zu verstehen, denn dies einig Eine ist ohne Weise und ohne Eigenschaft. Und wenn daher Gott jemals hineinblicken soll, so muß es ihn alle seine göttlichen Namen und seine persönliche Eigenschaft kosten: Das muß er alles vorher lassen, wenn er je hineinblicken soll. Wie er einfach eins ist, ohne alle Weise und Eigenschaft: Da ist er nicht Vater und nicht Sohn und nicht heiliger Geist in diesem Sinne und ist doch ein Etwas, das nicht dies und nicht das ist.

Seht, so wie er eins ist und einfach, so kommt er in das Eine, das ich eine Stadt in der Seele heiße, und sonst kommt er auf keine Weise hinein: sondern so kommt er hinein und ist darin. In diesem Stück ist die Seele Gott gleich und auf keine andere Weise. Was ich euch gesagt habe, ist wahr: Dafür stelle ich euch die Wahrheit als Zeugen und meine Seele als Pfand. Daß wir eine solche Stadt seien, in der Jesus eingeht und empfangen werde und ewig in uns bleibe in der Weise, wie ich gesagt habe, das walte Gott. Amen.

Vom namenlosen Gott

Unser Herr sprach: »Frau, die Zeit wird kommen und ist schon jetzt, wo die wahren Anbeter den Vater im Geist und in der Wahrheit anbeten, und solche suchet der Vater.«

Nun achtet auf das erste Wörtlein, wo er spricht: »Die Zeit wird kommen und ist schon jetzt.« Wer da den Vater anbeten will, der muß sich in die Ewigkeit versetzen mit seinem Begehren und mit seiner Zuversicht. Es gibt einen obersten Teil der Seele, der steht über der Zeit und weiß nichts von der Zeit noch vom Leibe. Alles was je geschah vor tausend Jahren, der Tag, der vor tausend Jahren war, der ist in der Ewigkeit nicht ferner als diese Stunde, wo ich jetzt stehe, und der Tag, der nach tausend Jahren kommen wird oder soweit du zählen kannst, der ist in der Ewigkeit nicht ferner als diese Stunde, worin ich jetzt stehe.

Nun spricht er: »Die beten an den Vater.« Ach, wie viele gibt es, die beten die Kreatur an und kümmern sich darum, und das sind gar törichte Leute. Sobald du Gott anbetest um der Kreatur willen, so bittest du um deinen eigenen Schaden, denn sobald die Kreatur Kreatur ist, trägt sie Bitterkeit und Schaden und Übel und Ungemach in sich. Und darum geschieht den Leuten ganz recht, die Ungemach und Bitterkeit davon haben. Warum? Sie haben darum gebeten.

Alle Dinge, die in der Zeit sind, haben ein Warum. Wie der, der einen Menschen fragte: »Warum ißest du?« »Damit ich Kraft habe.« »Warum schläfst du?«

»Aus demselben Grunde.« Und so sind alle Dinge, die in der Zeit sind. Aber wer einen guten Menschen fragte: »Warum liebst du Gott?« »Ich weiß nicht, um Gottes willen.« »Warum liebst du die Wahrheit?« »Um der Wahrheit willen.« »Warum liebst du die Gerechtigkeit?« »Um der Gerechtigkeit willen.« »Warum liebst du die Güte?« »Um der Güte willen.« »Warum lebst du?« »Wahrlich, ich weiß nicht! Ich lebe gerne.«

Die Meister sagen, die Seele habe zwei Gesichter, und das obere Gesicht schauet allezeit Gott, und das niedere Gesicht blickt etwas herab und das berichtet die Sinne, und das oberste Gesicht ist das oberste der Seele, das steht in der Ewigkeit und hat nichts mit der Zeit zu schaffen und weiß nichts von der Zeit und vom Leibe. Und ich habe manchmal gesagt, daß darin etwas verborgen liege wie ein Ursprung alles Guten und wie ein leuchtendes Licht, das allezeit leuchtet, und wie ein brennender Brand, der allezeit brennt [und der Brand ist nichts anderes als der heilige Geist].

Die Meister sagen, aus dem obersten Teil der Seele fließen zwei Kräfte. Die eine heißt Wille, die andere Vernunft, und die Vollkommenheit der Kräfte liegt in der obersten Kraft, die da Vernunft heißt. Die kann nimmer ruhen. Sie will nicht Gott, wie er der heilige Geist ist und wie er der Sohn ist, und fliehet den Sohn. Sie will auch nicht Gott, wie er Gott ist. Warum? Da hat er Namen, und wären tausend Götter, sie bricht sich immer mehr Bahn, sie will ihn da, wo er keine Namen hat: Sie will etwas Edleres, etwas Besseres als Gott, wie er Namen hat. Was will sie denn? Sie weiß nicht: Sie will ihn, wie er Vater ist. Sie will ihn, wie er ein Grund ist, aus dem Güte entspringt; sie will ihn, wie er ein Kern ist, aus dem Güte fließt; sie will ihn, wie er eine Wurzel ist, eine Ader, in der Güte entspringt, und da ist er allein Vater.

Nun spricht unser Herr: »Es erkennet niemand den Vater als der Sohn und den Sohn niemand als der Vater.« In Wahrheit, wenn wir den Vater erkennen wollen, so müssen wir Sohn sein. Ich habe einmal drei böse Wörtlein gesprochen, die mögt ihr als drei böse Gewürze aufnehmen, auf die ihr trinken müßt. Zum ersten, wollen wir Sohn sein, so müssen wir einen Vater haben. Denn des Sohnes Leben hängt an dem Vater, und des Vaters Leben hängt an dem Sohn, und darum kann niemand sagen: Ich bin Sohn, wenn er keinen Vater hat, und *der* Mensch ist in Wahrheit Sohn, der da alle seine Werke aus Liebe wirkt. - Das zweite, was den Menschen allermeist zum Sohn macht, das ist Gleichmut. Ist er krank, so sei er ebenso gern krank wie gesund, gesund wie krank. Stirbt ihm ein Freund, in Gottes Namen; wird ihm ein Auge ausgeschlagen, in Gottes Namen. - Das dritte, was ein Sohn haben soll, das ist, daß er sein Antlitz nach nichts mehr wendet als nur nach dem Vater. O wie edel ist die Kraft, die da über der Zeit steht und die da ohne Raum steht! Denn damit, daß sie über der Zeit steht, hat sie alle Zeit in sich geschlossen und ist alle Zeit, und wie wenig einer auch von dem hätte, was über der Zeit steht, der wäre gar bald reich geworden, denn was jenseits des Meeres ist, ist der Kraft nicht ferner, als was jetzt gegenwärtig ist. Und von denen spricht er »Solche suchet der Vater.«

Seht, so liebkost uns Gott, so fleht uns Gott an und

Gott kann nicht warten, bis sich die Seele geschmückt und von der Kreatur zornig entfernt hat, und es ist eine sichere und eine notwendige Wahrheit, daß es Gott so nottut, uns zu suchen, als ob all seine Gottheit daran hänge, wie es auch der Fall ist. Und Gott kann unser so wenig entbehren wie wir seiner, und könnte es auch sein, daß wir uns von Gott abwenden könnten, so könnte sich doch Gott nimmer von uns abwenden. Ich sage, ich will Gott nicht bitten, daß er mir gebe, ich will ihn auch nicht loben für das, was er mir gegeben hat, sondern ich will ihn bitten, daß er mich würdig mache zu empfangen, und will ihn loben, daß er die Natur und das Wesen hat, daß er geben muß. Wer das Gott nehmen wollte, der nähme ihm sein eigenes Wesen und sein eigenes Leben. Daß wir so in Wahrheit Sohn werden, dazu verhelfe uns die Wahrheit, von der ich gesprochen habe. Amen.

Vom innersten Grunde

Es spricht ein Meister: »Gott ist ein Mensch geworden, davon ist das ganze Menschengeschlecht erhöht und geehrt. Darüber können wir uns wohl freuen, daß Christus, unser Bruder, aus eigener Kraft über alle Chöre der Engel gefahren ist und zur rechten Hand des Vaters sitzt.« Dieser Meister hat recht gut gesprochen; aber wahrlich, ich mache mir nicht viel daraus. Was hülfe es mich, wenn ich einen Bruder hätte, der ein reicher Mann wäre und ich ein armer, er weise und ich ein Tor? Ich spreche etwas anderes und dringenderes: Gott ist nicht allein Mensch geworden, sondern er hat menschliche Natur angenommen.

Es sagen die Meister gewöhnlich, alle Menschen seien gleich edel von Natur. Aber ich sage wahrhaftig: Alles Gute, was alle Heiligen besessen haben, und Maria die Gottesmutter, und Christus gemäß seines Menschtums, das ist mein eigen in dieser Natur. Wo der Vater seinen Sohn im innersten Grunde gebiert, da hat diese Natur ein Hineinschweben. Diese selbe Natur ist eins und einfach. Hier kann wohl etwas herausschauen und herzuhängen, das ist das eine Nichts.

Ich spreche von einem anderen und von einem schwereren. Wer in der Nacktheit dieser Natur ohne Mittel dastehn soll, der muß aus aller Person herausgegangen sein, so daß er dem Menschen, der jenseits des Meeres ist, den er nie von Angesicht erblickt hat, ebensosehr Gutes gönnt als dem, der bei ihm ist und sein trauter Freund ist. Solange du deiner Person mehr

Gutes gönnst als dem Menschen, den du nie gesehen, solange bist du wahrlich im Unrecht und du schautest nie einen Augenblick in diesen einfachen Grund. Du hast freilich in einem abgezogenen Bild die Wahrheit wie in einem Gleichnis gesehen, es war aber nicht das beste. Zum zweiten sollst du reines Herzens sein, und das Herz ist allein rein, das alle Erschaffenheit vernichtet hat. Zum dritten sollst du das Nichts los sein.

Es ist eine Frage, was in der Hölle brenne? Die Meister sagen gewöhnlich: Das tut der Eigenwille. Aber ich sage wahrlich: Das Nichts brennt in der Hölle. Ein Gleichnis: Man nehme eine brennende Kohle und lege sie auf meine Hand. Sagte ich, die Kohle brenne meine Hand, so täte ich ihr gar unrecht. Soll ich eigentlich sagen, was mich brennt? Das tut das Nichts, weil die Kohle etwas in sich hat, was meine Hand nicht hat. Seht, eben dieses Nichts brennt mich. Denn hätte meine Hand alles das in sich, was die Kohle ist und leisten kann, so hätte sie völlige Feuernatur. Wenn einer dann alles Feuer, das je brannte, nähme und auf meine Hand schüttete, so könnte es mich nicht schmerzen. In gleicher Weise also spreche ich: Weil Gott und alle die, die im Angesicht Gottes sind, in der rechten Seligkeit etwas in sich haben, was die nicht haben, die von Gott getrennt sind, dieses Nichts allein peinigt die Seelen mehr, die in der Hölle sind, als Eigenwille oder irgendein Feuer. Ich sage wahrlich: So viel Nichts dir anhaftet, so sehr bist du unvollkommen. Wollt ihr darum vollkommen sein, so müßt ihr das Nichts los sein. Darum heißt ein Wörtlein: »Gott hat seinen eingeborenen Sohn in die Welt gesandt,« das sollt ihr nicht für die äußere Welt verstehn, wie er mit uns aß und trank, ihr sollt es für die innere Welt verstehn. So wahr der Vater mit seiner einfachen Natur den Sohn natürlich gebiert, so wahr gebiert er ihn in des Geistes Innigstem, und das ist die innere Welt. Hier ist Gottes Grund mein Grund und mein Grund Gottes Grund. Hier lebe ich außer meinem Eigenen, wie Gott außer seinem Eigenen lebt. Wer nur einen Augenblick in diesen Grund geblickt hat, dem Menschen sind tausend Pfund rotes geschlagenes Gold nicht mehr als ein falscher Heller. Aus diesem innersten Grund heraus sollst du alle deine Werke wirken ohne ein Warum. Ich sage wahrlich: solange du deine Werke um des Himmelreichs oder um Gottes oder um deiner ewigen Seligkeit willen von außer her wirkst, so lange bist du wahrlich im Unrecht. Man kann dich freilich so hingehn lassen, aber es ist nicht das Beste. Denn wahrlich, wenn du glaubst, du gelangest durch Innigkeit, durch Andacht, durch Willfährigkeit oder besondere Anstalten eher zu Gott als am Herd oder im Stall, so tust du nichts andres, als wenn du Gott nähmest und wickeltest ihm einen Mantel um den Kopf und stecktest ihn unter eine Bank. Denn, wer Gott in einer Weise sucht, der nimmt die Weise und läßt Gott, der in der Weise verborgen ist. Aber wer Gott ohne Weise sucht, der nimmt ihn, wie er an sich selbst ist, und dieser Mensch lebt mit dem Sohne, und er ist das Leben selbst. Wer das Leben tausend Jahr lang fragte: Warum lebst du? wenn es antworten sollte, spräche es nichts anderes als: Ich lebe darum, weil ich lebe. Das kommt daher, daß das Leben aus seinem eigenen Grunde heraus lebt und aus seinem Eigenen quillt: Darum lebt es ohne Warum, indem es sich selber lebt. Wer nun einen wahrhaften Menschen, der aus seinem eigenen Grunde heraus wirkt, fragt: Warum wirkst du deine Werke? wenn er recht antworten sollte, spräche er nichts anderes als: Ich wirke, weil ich wirke.

Wo die Kreatur endet, da beginnt Gott zu sein. Nun begehrt Gott nichts anderes von dir, als daß du aus dir selbst, in kreatürlicher Weise, hinausgehst und Gott Gott in dir sein lassest. Das geringste kreatürliche Bild, das sich in dir bildet, ist ebenso groß wie Gott. Warum? Weil es dich eines ganzen Gottes beraubt. Denn wo dies Bild hineingeht, da muß Gott und seine ganze Gottheit weichen. Aber wo dies Bild hinausgeht, da geht Gott hinein. Gott begehrt so gewaltig danach, daß du aus dir selbst, in kreatürlicher Weise, hinausgehst, als ob all seine Seligkeit daran liege. Fürwahr, lieber Mensch, was schadet es dir, daß du Gott gönnest, daß er Gott in dir sei? Geh doch Gott zulieb aus deinem Selbst heraus, so geht Gott dir zulieb aus seinem heraus. Wenn diese zwei hinausgehen, was dann zurückbleibt, ist ein einfach Eines. In diesem Einen gebiert der Vater seinen Sohn in dem innersten Brunnen. Da erblühet der heilige Geist und da entspringt in Gott ein Wille, der der Seele zugehört. Und solange der Wille unberührt von allen Kreaturen und von aller Erschaffenheit steht, so lange ist der Wille frei. Christus spricht: »Niemand kommt in den Himmel, als wer vom Himmel gekommen ist.« Alle Dinge sind aus Nichts erschaffen, darum ist ihr eigentlicher Ursprung Nichts. Insofern sich dieser edle Wille zu den Kreaturen neigt, so verfließt er mit diesen Kreaturen in ihr Nichts.

Nun ist eine Frage, ob dieser Wille so verfließe, daß er niemals mehr wiederkommen könne? Die Meister sagen gewöhnlich, er komme nie wieder, insofern er in der Zeit verflossen ist. Aber ich sage: Wenn dieser Wille sich einen Augenblick von sich selbst und von aller Erschaffenheit wieder zu seinem Ursprung hinwendet, so steht der Wille in einer rechten, freien Art da und ist frei, und in diesen Augenblick wird alle verlorene Zeit wiedergebracht. Die Leute sagen oft zu mir: Bittet für mich. Da denke ich: Warum geht ihr heraus? Warum bleibt ihr nicht bei euch selbst und greift in euer eigenes Gut? Ihr tragt doch alle Wahrheit wesenhaft in euch. Daß wir so wahrhaft in ihm bleiben und alle Wahrheit ohne Mittel und ungeteilt in rechter Seligkeit besitzen mögen, das walte Gott. Amen.

Von der Vollendung der Zeit

In der Zeit ward der Engel Gabriel gesandt von Gott.« In welcher Zeit? Im sechsten Monat, als Johannes im Mutterleib zappelte. Wenn mich nun einer fragte: Warum beten wir, oder warum fasten wir oder wirken wir all unser Werk? so antworte ich: Darum, daß Gott in unserer Seele geboren werde. Warum ist alle Schrift geschrieben, und warum hat Gott die Engelsnatur und alle Welt geschaffen? Darum allein, daß Gott in der Seele geboren werde. Alles Kornes Natur meint Weizen, alles Schatzes Natur Gold, alle Gebärung meint Mensch. Wie ein Meister spricht, gibt es kein Tier, das nicht etwas mit dem Menschen in der Zeit gemein hat.

Sankt Paulus spricht: »In der Vollendung der Zeit sandte Gott seinen Sohn.« Sankt Augustin ward gefragt, was das sei, die Vollendung der Zeit? Vollendung der Zeit ist, wenn der Tag nicht mehr ist: dann ist der Tag vollendet. Es ist eine sichere Wahrheit, wo diese Geburt geschehen soll, da muß alle Zeit hinab sein, denn es gibt nichts, was diese Geburt so sehr hindert als Zeit und Kreatur. Es ist eine notwendige Wahrheit, daß die Zeit an Gott und die Seele nicht rühren kann. Könnte Zeit an die Seele rühren, so wäre sie nicht Seele. Könnte Gott von der Zeit berührt werden, so wäre er nicht Gott.

Eine andere Vollendung der Zeit! Wer die Kunst und die Macht hätte, daß er die Zeit und alles, was in sechstausend Jahren je geschah oder noch geschehen wird bis an das Ende der Welt: Wenn einer das heranziehen könnte in ein gegenwärtiges Nu, das wäre Vollendung der Zeit. Das ist das Nu der Ewigkeit, wo die Seele alle Dinge in Gott erkennt, so neu und so frisch und in derselben Lust, wie ich sie jetzt gegenwärtig habe. Die mindeste Kraft in meiner Seele ist weiter als der weite Himmel. Ich sehe ab von der Vernunft, in der ist Weite über Weite, in der bin ich so nahe dem Ort, der tausend Meilen weg ist, als dem Ort, worin ich jetzt stehe. Die Meister sagen, die Menge der Engel sei ohne Zahl, ihre Zahl könne nicht begriffen werden. Wer aber ohne Zahl und ohne Menge unterscheiden könnte, dem wäre hundert wie eins. Wären gleich hundert Personen in der Gottheit, so erkennte er doch, daß nur *ein* Gott ist. Daß Gott in uns geboren werde, das walte Gott. Amen.

Ein Zweites vom namenlosen Gott

Wenn die Seele in die namenlose Stadt kommt, da ruht sie aus; wo alle Dinge Gott in Gott sind, da ruhet sie. Die Stadt der Seele, die Gott ist, die ist ungenannt. Ich sage, daß Gott ungesprochen ist. Einen unserer ältesten Meister, der die Wahrheit schon lange und lange vor Gottes Geburt gefunden hat, ehe der Christenglaube vorhanden war, wie er jetzt ist, den dünkte es, daß alles, was er von den Dingen sprechen könnte, etwas Fremdes und Unwahres in sich trüge; darum wollte er schweigen. Er wollte nicht sagen: Gebt mir Brot, oder gebt mir zu trinken. Aus dem Grunde wollte er nicht von den Dingen sprechen, weil er von ihnen nicht so rein sprechen konnte, wie sie aus der ersten Ursache entsprungen seien: Darum wollte er lieber schweigen, und seine Notdurft zeigte er mit Zeichen der Finger. Da nun er nicht einmal von den Dingen reden konnte, so schickt es sich für uns noch mehr, daß wir ganz und gar schweigen müssen von dem, der da ein Ursprung aller Dinge ist.

Nun sagen wir, Gott sei ein Geist. Dem ist nicht so. Wäre Gott eigentlich ein Geist, so wäre er gesprochen. Sankt Gregorius spricht: Wir können von Gott nicht eigentlich sprechen. Was wir von ihm sprechen, das müssen wir stammeln.

Von guten Gaben

Ich pflege oft, ein Wörtlein zu sprechen, und es ist auch wahr: Wir rufen alle Tage und schreien im Paternoster: Herr, dein Wille geschehe! Wenn aber dann sein Wille geschieht, so wollen wir zürnen und ergeben uns nicht in seinem Willen. Was er auch tut, das müßte uns das Beste dünken und am allerbesten gefallen. Die es so zum besten nehmen, die bleiben allewege in ganzem Frieden. Ihr aber sprecht manchmal: Ach, wäre es anders gekommen, so wäre es besser, oder wäre es nicht so gekommen, so wäre es vielleicht besser gekommen. Solange dich das dünkt, gewinnst du nimmer Frieden. Du sollst es zum allerbesten nehmen.

Ich sprach einst: Was eigentlich gewortet werden kann, das muß von innen herauskommen und von seiner Form ausgehen und darf nicht von außen hineingehen. Das lebt eigentlich im Innigsten der Seele. Da sind dir alle Dinge gegenwärtig und innerlich lebend und suchend und sind im Besten und im Höchsten. Warum empfindest du das nicht? Da bist du nicht heimisch. Je höher im Rang ein Ding ist, um so allgemeiner ist es. Den Sinn habe ich gemein mit den Tieren und das Leben mit den Bäumen. Das Sein ist mir noch tiefer innen, das habe ich gemein mit allen Kreaturen. Der Himmel ist mehr als alles, was daneben ist, darum ist er auch höher im Range. Die Liebe steht hoch im Rang, weil sie allgemein ist. Es scheint schwer, daß unser Herr geboten hat, man solle den Mitchristen lieben wie sich selbst. Dies faßt der gemeine Mann gewöhnlich so auf, man solle sie in demselben Sinne lieben, in dem man sich selber liebt. Nein, so soll es nicht sein. Man soll sie ebensosehr lieben wie sich selbst, und das ist nicht schwer. Wollt ihr's gut merken, so ist es mehr Lohnes wert als ein Gebot. Das Gebot scheint schwer, und der Lohn ist begehrenswert. Wer Gott liebt, wie er ihn lieben soll und muß (ob er will oder nicht) und wie ihn alle Kreaturen lieben, der muß seinen Mitmenschen lieben wie sich selbst und sich seiner Freuden und Ehren freuen und danach trachten wie nach seiner eigenen Ehre und nach dem Fremden wie nach dem Seinen. Und so ist der Mensch allezeit in Freuden, in Ehren und in Nutzen, so ist er ganz wie im Himmelreich und so hat er stärkere Freuden, als wenn er sich allein seines Gutes freute.

Und wisse, in Wahrheit ist dir mehr an deiner eigenen Ehre als an der eines andern gelegen, so ist es unrecht. Wisse, wenn du das deine suchst, da findest du Gott nimmer, wenn du nicht rein Gott suchst. Du suchst etwas mit Gott, und tust gerade so, wie wenn einer aus Gott eine Kerze machte, mit der man etwas sucht, und wenn man das Ding findet, so wirft man die Kerze weg. So tust du: Was du mit Gott suchst, das ist nichts, Nutzen, Lohn, Innerlichkeit oder was es auch sei; du suchst nichts, darum findest du auch nichts. Alle Kreaturen sind lauter Nichts. Ich sage nicht, daß sie gering sind oder wenig sind: sie sind gar nichts. Wer kein Sein hat, ist nichts. Alle Kreaturen haben kein Sein, denn ihr Sein hängt an der Gegenwart Gottes. Kehrte sich Gott einen Augenblick ab, sie würden zunichte. Ich sprach manchmal, und so ist es auch: Wer die ganze Welt nähme und Gott dazu, der hätte nicht mehr, als wenn er Gott allein hätte. Alle Kreaturen haben nicht mehr ohne Gott, als wer eine Mücke hätte ohne Gott, ganz ebenso, nicht weniger und nicht mehr.

Fürwahr, nun achtet auf ein wahres Wort. Gäbe ein Mensch tausend Pfund Goldes, auf daß man damit Kirchen und Klöster baute, so wäre das ein großes Ding. Aber doch hätte der viel mehr gegeben, der tausend Pfund für nichts achten könnte: der hätte viel mehr getan als jener. Als Gott alle Kreaturen schuf, da waren sie so erbärmlich und so eng, daß er sich nicht darin bewegen konnte. Jedoch die Seele machte er so sich gleich und so eben das Nämliche, damit er sich der Seele hingeben könnte: Denn was er ihr sonst geben könnte, das achtet sie nicht. Gott muß mir sich selbst zu eigen geben, so wie er sich selbst gehört, oder es wird mir nichts, und es schmeckt mir nichts. Wer ihn so ganz empfangen will, der muß sich selbst ganz ergeben haben und aus sich selbst herausgegangen sein.

Ich ward einst gefragt, was der Vater im Himmel täte? Da sprach ich: Er gebiert seinen Sohn, und dies Werk ist ihm so reizend und gefällt ihm so gut, daß er nichts anderes mehr tut, und aus ihnen beiden erblüht der heilige Geist. Wenn der Vater seinen Sohn in mir gebiert, so bin ich dieser Sohn und kein anderer; unter Menschen gibt es da einen und dort einen, aber da bin ich derselbe und kein anderer.

Gottes Natur ist, daß er gibt, und sein Wesen hängt daran, daß er uns gibt, wenn wir demütig sind. Sind wir das nicht, so empfangen wir auch nichts und tun ihm Gewalt an und töten ihn. Wenn die Seele der Zeit und des Raumes ledig ist, so sendet der Vater seinen Sohn in die Seele. Es spricht ein Wörtlein: »Die beste Gabe kommt von oben herab, vom Vater der Lichter.« Daß wir bereitet seien, die beste Gabe zu empfangen, dazu verhelfe uns Gott, der Vater der Lichter. Amen.

Von unsagbaren Dingen

Fürchtet nicht, die euch körperlich töten wollen, denn die Seele können sie nicht töten,« denn Geist tötet nicht Geist. Geist gibt dem Geist Leben. Die euch töten wollen, das ist Blut und Fleisch, und das stirbt miteinander. Das Edelste, was am Menschen ist, ist das Blut, wenn es guten Willens ist. Aber das Ärgste, was am Menschen ist, ist das Blut, wenn es bösen Willens ist. Siegt das Blut über das Fleisch, so ist der Mensch demütig, geduldig und keusch und hat alle Tugend in sich. Siegt aber das Fleisch über das Blut, so wird der Mensch hochfahrend, zornig und unkeusch und hat alle Untugend in sich.

Nun paßt auf, ich will jetzt sagen, was ich nie gesagt habe. Als Gott den Himmel, die Erde und alle Kreaturen schuf, da wirkte Gott nicht; er hatte nichts zu wirken; in ihm war auch kein Werk. Da sprach Gott: »Wir machen einen Gleichen.« Schöpfen ist ein leichtes Ding, das tut man, wenn und wie man will. Aber was ich mache, das mache ich selbst aus mir selbst und in mir selbst und drücke mein Bild ganz und gar darein.

Als Gott den Menschen machte, da wirkte er in der Seele sein Werk des Gleichen, sein wirkendes und sein immerwährendes Werk. Das Werk war so groß, daß es nichts anderes war als die Seele: Die war das Werk Gottes. Gottes Natur, sein Wesen und seine Gottheit hängt daran, daß er in der Seele wirken muß. Gottes Segen, Gottes Segen! Wenn Gott in der Seele wirkt, dann liebt er sein Werk. Das Werk ist die Liebe, und die Liebe ist

Gott. Gott liebt sich selbst und seine Natur, sein Wesen und seine Gottheit. In der Liebe, worin Gott mich liebt, liebt er alle Kreaturen. Nicht als Kreaturen liebt er sie, sondern die Kreaturen als Gott. Mit der Liebe, worin Gott sich liebt, liebt er alle Dinge.

Nun will ich sagen, was ich nie gesagt habe. Gott empfindet und schmeckt sich selbst. Mit dem Geschmack, womit Gott sich schmeckt, schmeckt er alle Kreaturen, nicht als Kreaturen, sondern die Kreaturen als Gott. In dem Geschmack, womit Gott sich schmeckt, schmeckt er alle Dinge. Nun paßt auf. Alle Kreaturen nehmen ihren Lauf zu ihrer höchsten Vollkommenheit. Nun bitte ich euch, vernehmet bei der ewigen Wahrheit und bei meiner Seele. Nun will ich sagen, was ich nie gesagt habe: Gott und Gottheit unterscheiden sich so sehr wie Himmel und Erde. Der Himmel steht viel tausend Meilen darüber. Gott wird und wird zunichte. Nun komme ich wieder auf meine Rede: Gott schmeckt sich selbst in allen Dingen. Die Sonne wirft ihren lichten Schein aus auf alle Kreaturen, und worauf die Sonne ihren Schein wirft, das zieht sie in sich und verliert doch nicht ihre Scheinhaftigkeit. Alle Kreaturen geben ihr Leben um ihres Wesens willen auf. Alle Kreaturen tragen sich in meine Vernunft hinein, damit sie in mir vernünftig sind. Ich allein bringe alle Kreaturen zu Gott zurück.

Wartet, was ihr alle tut. Nun komme ich wieder auf meinen innern und äußern Menschen. Ich betrachte die Lilien auf dem Felde und ihren lichten Schein und ihre Farbe und alle ihre Blätter. Aber ihren Duft sehe ich nicht. Warum? Weil der Duft in mir ist. Aber auch was ich spreche, ist in mir, und ich spreche es aus mir heraus. Alle Kreaturen schmecken meinem äußern Menschen als Kreaturen, als Wein und Brot und Fleisch. Aber meinem innern Menschen schmeckt nichts als Kreatur, sondern als Gabe Gottes. Und mein innerster Mensch schmeckt sie nicht als Gabe Gottes, sondern als immer und ewig. Ich nehme ein Becken mit Wasser und lege einen Spiegel hinein und setze es unter das Rad der Sonne, so wirft die Sonne ihren lichten Schein aus dem Rad und aus dem Boden der Sonne und vergeht doch nicht. Das Widerspiegeln des Spiegels in der Sonne ist in der Sonne. Ist Sonne, und sie ist doch, was sie ist. So ist es mit Gott. Gott ist mit seiner Natur, seinem Wesen und seiner Gottheit in der Seele, und er ist doch nicht die Seele. Das Widerspiegeln der Seele ist in Gott. Ist Gott, und sie ist doch, was sie ist. Gott wird da zu allen Kreaturen – Gottes Sprechen wird da zu Gott.

Als ich in dem Grunde, in dem Boden, in dem Fluß und in der Quelle der Gottheit stand, da fragte mich niemand, wohin ich wollte oder was ich täte: da war niemand, der mich fragte. Als ich floß, da sprachen alle Kreaturen Gott. Fragte man mich: Bruder Eckhart, wann gingt Ihr aus dem Hause? Da war ich drinnen. So sprechen alle Kreaturen von Gott. Und warum sprechen sie nichts von der Gottheit? Alles, was in der Gottheit ist, ist eins, und davon ist nichts zu sprechen. Gott wirkt, die Gottheit wirkt nicht, sie hat nichts zu wirken, in ihr ist kein Werk. Gott und Gottheit unterscheidet sich wie Wirken und Nichtwirken. Wenn ich wieder in Gott komme, dann bilde ich nicht, so steht meine Mündung viel höher als mein Ursprung. Ich allein bringe alle Kreaturen aus ihrer Vernunft in meine Vernunft, daß sie in mir eins sind. Wenn ich in den Grund, in den Boden, in den Fluß und in die Quelle der Gottheit komme, so fragt mich niemand, woher ich komme oder wo ich gewesen sei. Da vermißte mich niemand, das hört da alles auf.

Wer diese Predigt verstanden hat, dem gönne ich's gern. Wäre hier kein Mensch gewesen, so hätte ich sie diesem Stocke predigen müssen. Es sind etliche arme Leute, die gehen wieder heim und sagen: Ich will mich auf den Stuhl setzen, und mein Brot essen und Gott dienen. Ich sage aber in Wahrheit, diese Leute müssen verirrt bleiben und können nimmer erreichen und erlangen, was die andern erreichen, die Gott in Armut und Entblößtheit nachgehn. Amen.

Vom Leiden Gottes

Ein Lehrer spricht: Du reicher Gott, wie wohl wird mir, trägt meine Liebe Früchte dir!

Unser Herr spricht zu einer jeglichen liebenden Seele: »Ich bin euch Mensch gewesen, wenn ihr mir nicht Götter seid, so tut ihr mir unrecht. Mit meiner göttlichen Natur wohnte ich in eurer menschlichen Natur, so daß niemand meine göttliche Gewalt kannte und man mich wandeln sah wie einen andern Menschen. So sollt ihr euch mit eurer menschlichen Natur in meiner göttlichen Natur bergen, daß niemand eure menschliche Schwäche an euch erkenne und daß euer Leben zumal göttlich sei, daß man an euch nichts erkenne als Gott.« Und das geschieht nicht dadurch, daß wir süße Worte und geistliche Gebärden annehmen und daß wir im Geruch der Heiligkeit stehen oder daß unser Name fern und weit getragen werde und wir von Gottes Freunden geliebt werden oder daß wir von Gott so verwöhnt und verzärtelt sind, daß es uns vorkommt, Gott habe alle Kreaturen vergessen bis auf uns allein, und daß wir wähnen, was wir von Gott begehren, das sei jetzt alles geschehen. Nein, nicht also! Nicht das heischt Gott von uns; es steht ganz anders.

Er will, daß wir frei und unbewegt gefunden werden, so man uns nachsagt, wir seien falsche und unwahrhafte Leute, und was man sonst von uns sprechen kann, um uns unsern guten Leumund zu nehmen, und nicht allein, daß man schlecht von uns spricht, sondern auch schlecht gegen uns handelt und uns die Hilfe entzieht, die wir für unsern Lebensbedarf nicht entbehren können, und nicht allein am Bedarf göttlicher Dinge, sondern uns auch an unserm Körper schädigt, daß wir krank werden oder sonst in schmerzliche Mühsal des Körpers verfallen, und wenn die Leute, während wir in allen unsern Werken das allerbeste tun, das wir ersinnen können, uns das zum allerbösesten kehren, das sie ersinnen können, und wenn wir das nicht allein von den Menschen erdulden, sondern auch von Gott, so daß er uns den Trost seiner Gegenwart entzieht und gerade so tut, als wäre eine Mauer zwischen uns und ihm aufgerichtet, und wenn er, falls wir mit unsrer Mühlsal zu ihm kommen, um Trost und Hülfe zu suchen, sich dann gegen uns benimmt, wie wenn er seine Augen vor uns schlösse, so daß er uns nicht sehen noch hören will und er uns allein stehen läßt im Kampf mit unsern Nöten, wie Christus von seinem Vater verlassen ward: Sehet, dann sollten wir uns in seiner göttlichen Natur bergen, daß wir in unserer Trostlosigkeit so unerschüttert stünden, uns mit nichts anderm zu helfen als allein mit dem Worte, das Christus sprach: »Vater, all dein Wille werde an mir vollbracht.«

Gott ist ein so beschaffenes Wesen, daß man es am besten mit Nichts erkennt. Wieso mit Nichts? Dadurch, daß man alles Mittel abtut, aber nicht etwa bloß der Welt entsagen und Tugend haben, sondern ich muß auch die Tugend lassen, wenn ich Gott unmittelbar sehen will; nicht so, daß ich der Tugend entsagen, sondern die Tugend soll in mir wesenhaft wohnen, und ich soll über der Tugend wohnen. Wenn so des Menschen Gedanken kein Ding mehr berühren kann, dann erst berührt er Gott. Ein heidnischer Meister sagt, daß die Natur über die Natur nichts vermag. Daher kann Gott von keiner Kreatur erkannt werden. Soll er erkannt werden, so muß das in einem Licht über der Natur geschehen.

Die Meister haben eine Frage, woher das komme, wenn Gott die Seele über sie selbst und über alle Kreaturen erhebe und er sie zu sich selbst heimgeführt habe, warum er denn den Leib nicht auf eine höhere Stufe hebe, so daß er irdischer Dinge nicht bedürfte? Dies beantwortet ein Meister – ich glaube, es ist Sankt Augustin – und sagt folgendes: Wenn die Seele zur Vereinigung mit Gott gelangt, erst dann ist der Leib vollkommen dazu gelangt, daß er alle Dinge zu Gottes Ehre genießen kann. Denn um des Menschen willen sind alle Kreaturen ausgeflossen, und was der Leib vernünftig von den Kreaturen genießen kann, das ist für die Seele kein Abfall, sondern eine Erhöhung ihrer Würde, denn die Kreatur könnte keine edlere Mündung finden, um wieder zu ihrem Ursprung zu gelangen, als den rechten Menschen, der einen Augenblick seiner Seele gestattet, daß er in die Vereinigung mit Gott hinaufgezogen wird. Denn zwischen Gott und der Seele ist dann kein Hindernis, und sofern die Seele Gott in die Wüste der Gottheit folgt, sofern folgt der Leib dem lieben Christus in die Wüste der freiwilligen Armut, und wie die Seele mit der Gottheit vereint ist, so ist der Leib mit der Wirkung wahrer Tugend in Christus vereint. So kann der himmlische Vater wohl sprechen: »Dies ist mein lieber Sohn, in dem ich mir selber wohl gefalle,« denn er hat nicht allein in die Seele geboren seinen eingeborenen Sohn, nein, er hat sie selbst seinem eingeborenen Sohn geboren.

Wohlauf, aus allertiefstem Herzen! Mensch, was kann dir hart oder bitter zu leiden sein, wenn du recht betrachtest, daß der, der da in der Form Gottes und im Tage seiner Ewigkeit im Glanze der Heiligen war, und der zuvor geboren war als ein Strahl und eine Substanz Gottes, daß der in den Kerker und den Leim deiner beschmeckenden Natur kommt, die so unrein ist, daß alle Dinge, so rein sie sich ihr nahen, in ihr stinkend und unrein werden, und daß er doch um deinetwillen gänzlich hineingesteckt werden wollte? Was gibt es, das dir nicht süß sein sollte zu leiden, wenn du die Bitternis deines Herrn und Gottes zusammenliest und wenn du zurückdenkst an all die Bitternis und all die Schmach, die auf ihn fiel? Welche Schmach und Schande er litt von den Fürsten und von den Rittern und von den bösen Knechten und von denen, die den Weg vor dem Kreuze auf und nieder gingen? Wie die Klarheit des ewigen Lichtes verspieen und verspottet und verhöhnt ward? Fürwahr, welch eine große schuldlose Barmherzigkeit und wohlbewährte Liebe, die mir an keinem Orte so vollkommen gewährt ward, als an dem Orte, wo die Kraft der Liebe aus seinem Herzen brach! Darum mache dir ein Bündel aus allerhand Bitternis deines Herrn und Gottes, und laß es allezeit zwischen deinen Brüsten wohnen, und sieh seine Tugend an, und beschaue sie, wie fördersam er dein Heil in allen seinen Werken bedacht hat, und gib wohl acht, daß du ihm mit derselben Münze vergiltst seinen schändlichen, schmachvollen Tod und seine schmerzhafte

Natur, mit der er ohne Schuld für deine Schuld gelitten hat, als ob es seine eigene Schuld wäre, wie er selbst in dem Propheten von seinem Schmerze spricht, indem er sagt: »Seht, das leide ich um meiner Verschuldung willen,« und wo er von der Frucht seiner Werke spricht, da sagte er: »Seht, diesen Reichtum sollt ihr besitzen für eure Werke«, und nennt unsre Sünde seine Sünde und sein Werk unsere Werke, denn er hat unsere Sünde gutgemacht, als ob er sie selbst getan hätte, und wir besitzen den Lohn seiner Werke, gerade als ob wir sie gewirkt hätten. Und dies soll unsere Mühsal gering machen, denn der gute Ritter klagt nicht um seine Wunden, wenn er den König ansieht, der mit ihm verwundet ist. Er bietet uns einen Trank, den er zuvor getrunken hat. Er schickt uns nichts, was er nicht vorher getan oder gelitten hätte. Darum sollen wir große Liebe zum Leiden haben, denn Gott hat nie etwas anderes getan, solange er auf Erden war. Daß wir so unsre menschliche Natur und all unsre Schwäche in göttliche Natur verwandeln und verlieren, daß an uns nichts gefunden werde als lauter Gott, das walte Gott. Amen.

Von der Einheit der Dinge

Als ich heute hierherging, überlegte ich mir, wie ich euch so vernünftig predigen könnte, daß ihr mich wohl verstündet, und ich dachte mir ein Gleichnis aus. Wenn ihr das recht verstehen könntet, so verstündet ihr meinen Sinn und den Grund aller meiner Meinungen, den ich immer predigte. Es war aber das Gleichnis von meinen Augen und von dem Holze. Wenn mein Auge aufgetan wird, so ist es mein Auge. Ist es zu, so ist es dasselbe Auge, wegen des Sehens geht dem Holze weder etwas ab noch etwas zu. Nun merket recht auf. Geschieht aber das, daß mein Auge an sich selbst eins und einheitlich ist und aufgetan und auf das Holz geworfen wird mit einem Ansehen, so bleibt ein jegliches, was es ist, und doch werden sie in der Wirksamkeit des Ansehens wie eines, so daß man sagen kann: Auge-Holz, und das Holz ist mein Auge. Wäre aber das Holz ohne Materie und ganz geistig, wie das Gesicht meiner Augen, so könnte man in Wahrheit sagen, daß in der Wirksamkeit meines Gesichts das Holz und mein Auge aus *einem* Wesen bestehen. Ist dies wahr von körperlichen Dingen, viel mehr wahr ist es von geistigen Dingen. Ihr sollt wissen, mein Auge hat viel mehr Einheit mit den Augen eines Schafes, das jenseits des Meeres ist und das ich nie gesehen habe, als mit meinen Ohren, mit denen es doch eins ist im Wesen; und das kommt daher, weil das Auge des Schafes dieselbe Wirksamkeit hat wie mein Auge, und daher spreche ich ihnen mehr Einheit im Wirken zu als meinen Augen und Ohren, denn die sind im Wirken verschieden.

Ich habe manchmal von einem Licht gesprochen, das in der Seele ist und das ungeschaffen und unerschafflich ist. Eben dieses Licht pflege ich allewege in meiner Predigt zu berühren, und dieses Licht nimmt Gott unmittelbar und ohne Hüllen wahr, rein wie es an sich selbst ist, und diese Wahrnehmung findet statt in der Wirksamkeit der Hineingebärung. Da kann ich wahrlich sagen, dieses Licht hat mehr Einheit mit Gott als mit sonst einer Kraft, mit der es doch im Wesen eins ist. Denn ihr sollt wissen, dieses Licht ist im Wesen meiner Seele nicht höher im Rang als die niederste oder allergewöhnlichste Kraft, die von Hunger oder Durst, Frost oder Hitze befallen werden kann, und das kommt daher, daß das Wesen einfach ist. Wenn man demnach die Kräfte im Wesen betrachtet, sind sie alle eins und gleich im Rang; aber betrachtet man sie in ihren Werken, dann ist eine viel edler und höher als die andere.

Darum sage ich: Wenn sich der Mensch von sich selbst und von allen geschaffenen Dingen abkehrt, so weit du das tust, so weit wirst du geeint und beseligt in dem Fünklein der Seele, das nie Zeit oder Raum berührt hat. Dieser Funke entzieht sich allen Kreaturen und will nur Gott, wie er an sich selbst ist. Er begnügt sich nicht mit Vater oder Sohn oder heiligem Geist, und nicht mit den drei Personen, sofern jede für sich in ihrer Eigenschaft dasteht. Ich sage wahrlich, eben dieses Licht begnügt sich nicht mit der Eigenhaftigkeit der fruchtbaren Beschaffenheit der göttlichen Natur. Ich will noch mehr sagen, was noch wunderbarer lautet:

Ich sage in guter Wahrheit, dieses Licht begnügt sich nicht mit dem einfachen stillstehenden göttlichen Wesen, das weder gibt noch nimmt, sondern es will wissen, woher dieses Wesen kommt, es will in den einfachen Grund, in die stille Wüste, wohin nie etwas Unterschiedenes, weder Vater noch Sohn noch heiliger Geist, gedrungen ist; in dem Innigsten, wo niemand heimisch ist, da begnügt es sich in einem Lichte, und da ist es einiger als in sich selbst; denn dieser Grund ist eine einfache Stille, die in sich selbst unbeweglich ist, und von dieser Unbeweglichkeit werden bewegt und da empfangen ihr ganzes Leben alle Dinge, die vernünftig leben und sich in sich selbst versenkt haben. Daß wir so vernünftig leben, das walte Gott. Amen.

Wie Jesus am Stricke zog

Nemo potest ad me venire, nisi pater meus traxerit eum (Joh. VI, 44). Diese Worte hat unser Herr Jesus Christus mit seinem süßen Mund im Evangelium gesprochen, und sie bedeuten: »Niemand kann zu mir kommen, als den mein Vater ziehet.«

Nun sollen wir wissen, bevor unser Herr Jesus Christus geboren wurde, zog der himmlische Vater aus aller Kraft fünftausendzweihundert Jahre lang, ohne daß er einen einzigen Menschen ins Himmelreich ziehen konnte. Als nun der Sohn sah, daß der Vater sich abgemüht und so kräftig gezogen und doch nichts geschafft hatte, da sprach er zu dem Vater: »Ich will sie mit den Seilen Adams ziehen,« gerade als ob er sagte: Ich sehe wohl, Vater, daß du mit aller deiner Kraft nichts schaffen kannst; darum will ich mit meiner Weisheit sie an den Seilen Adams ziehen. Daher ließ der Sohn sich hernieder vom Himmelreich in den Leib unsrer Frau und nahm da alle unsre leiblichen Gebrechen an sich, aber ohne die Sünde und die Unvernunft, in die uns Adam geworfen hatte, und machte ein Seil aus allen seinen Worten und seinen Werken und all seinen Gliedmaßen und seinen Adern und zog in all seiner Weisheit so sehr von Herzen, daß am Ende blutiger Schweiß aus seinem heiligen Leib herausbrach. Und als er dreiunddreißig Jahre lang gezogen hatte, ohne etwas zu schaffen, da sah er doch schon die Bewegung und Loslösung aller Dinge; die wollten ihm folgen. Daher sprach er: »Würde ich an das Kreuz erhöht, so zöge ich alle Dinge zu mir.« Daher ward er ans Kreuz gespannt und legte allen seinen Glanz und alles, was ihn am Ziehen hätte hindern können, ab.

Nun gibt es drei Dinge, die von Natur ziehen, und die hatte er alle bei sich am Kreuze. Daher zog er an einem Vormittag mehr als vorher in dreiunddreißig Jahren. Das erste Ding, das natürlich an sich zieht, die Gleichheit, wie wir sehen, daß der Vogel den Vogel anzieht, der ihm von Natur aus gleich ist. Mit dieser Gottheit und Gleichheit zog er den himmlischen Vater zu sich, denn der ist ihm gleich an Gottheit. Um ihn desto mehr an sich zu ziehen, damit er seines Zornes vergesse, spricht er: »Herzlieber Vater, weil du die Sünde trotz all der Opfer, die dir im alten Bunde gebracht wurden, nie vergeben wolltest, so sage ich, mein Vater, deines Herzens eingeborener Sohn, der dir in allen Stücken an Gottheit gleich ist und in dem du allen Schatz göttlicher Liebe und Reichtums geborgen hast: Ich komme an das Kreuz, auf daß ich vor deinen Vateraugen ein lebendiges Opfer werde, daß du die Augen deiner väterlichen Barmherzigkeit senkst und mich ansiehst, deinen eingeborenen Sohn, und schau mein Blut an, das aus meinen Wunden fließt und lisch das feurige Schwert aus, mit dem du, in der Hand des Engels Cherubim, den Weg zum Paradies verschlossen hast, damit jetzt alle frei hineingehen können, die in mir ihre Sünde bereuen und beichten und büßen.«

Das zweite, was natürlich zieht, ist ein leerer Raum, wie wir sehen, daß das Wasser, wenn man die Luft aus einem Rohr herauszieht, bis an den Mund hinaufläuft, denn wenn die Luft hinausgeht, ist das Rohr leer; die

Leere zieht dann das Wasser an sich. Also machte sich unser Herr Jesus Christus leer, als er mit seiner Weisheit alle Dinge an sich ziehen wollte, denn er ließ alles Blut ausfließen, das in seinem Körper war, und dadurch zog er alle Barmherzigkeit und Gnade, die im Herzen seines Vaters war, so vollständig und so reichlich an sich, daß es für die ganze Welt genug war. Darum sprach der Vater: »Meiner Barmherzigkeit will ich nimmer vergessen,« und sprach weiter: »Mein Sohn, nun sei kühn und stark, denn du sollst das Volk allesamt in das Land geleiten, das ich verheißen habe, in das Land himmlischer Freuden, das da überfließt vom Honig meiner ewigen Gottheit und von der Milch deines Menschtums.«

Drittens ziehen heiße Dinge, wie wir sehen, daß die Sonne den Dampf von der Erde zum Himmel hinaufzieht, daher ward auch unser Herr Jesus Christus am Kreuze heiß und hitzig, denn sein Herz brannte am Kreuze wie eine Feueresse oder ein Ofen, wo die Flamme an allen Enden hinausschlägt; so brannte er am Kreuze im Feuer der Liebe zu aller Welt. Daher zog er auch mit der Hitze seiner Liebe alle Welt an sich, denn sie gefiel ihm so sehr, daß niemand sich vor seiner Hitze bergen konnte, wie Herr David im Psalter sagt. Denn nichts, was unser Herr Jesus Christus je tat, geschah mit so großer Liebe wie die Marter, die er am Kreuze erlitt, denn da gab er seine Seele für uns und wusch unsre Sünde in seinem teuren Blute und brachte sich zum Opfer, um dem lebendigen Gott zu dienen. Daher zog er uns auch mit seiner Liebe am Kreuze allgewaltig an sich. so daß alle die, denen sein Tod und seine Marter zu Herzen geht, mit ihm in Ewigkeit selig werden. Amen.

Von der Erkenntnis Gottes

Unser lieber Herr spricht, daß das Reich Gottes nahe bei uns ist. Ja, das Reich Gottes ist in uns, und Sankt Paulus spricht, daß unser Heil näher bei uns ist, als wir glauben. Nun sollt ihr wissen, wie das Reich Gottes uns nahe ist. Hiervon müssen wir den Sinn recht achtsam merken. Denn wäre ich ein König und wüßte es selbst nicht, so wäre ich kein König. Aber hätte ich die feste Überzeugung, daß ich ein König wäre, und meinten und glaubten das alle Menschen mit mir, so wäre ich ein König und aller Reichtum des Königs wäre mein. So ist auch unsere Seligkeit daran gelegen, daß man das höchste Gut, das Gott selbst ist, erkennt und weiß. Ich habe eine Kraft in meiner Seele, die Gottes allzumal empfänglich ist. Ich bin dessen so gewiß, wie ich lebe, daß mir kein Ding so nahe ist wie Gott. Gott ist mir näher, als ich mir selber bin, mein Wesen hängt daran, daß Gott mir nahe und gegenwärtig ist. Das ist er ebenso einem Stein und einem Holze, aber sie wissen es nicht. Wüßte das Holz Gott und erkennte es, wie nahe er ihm ist, wie es der höchste Engel erkennt, das Holz wäre so selig wie der höchste Engel. Und darum ist der Mensch seliger als ein Holz, weil er Gott erkennt und weiß, wie nahe ihm Gott ist. Nicht davon ist er selig, daß Gott in ihm ist und ihm so nahe ist und daß er Gott hat, sondern davon, daß er Gott erkennt, wie nahe er ihm ist, und daß er Gott wissend und liebend ist, und der soll erkennen, daß Gottes Reich nahe ist.

Wenn ich an Gottes Reich denke, dann befällt mich tiefes Schweigen, seiner Größe wegen; denn Gotttes Reich ist Gott selbst mit all seinem Reichtum. Gottes Reich ist kein kleines Ding: Wer an alle Welten dächte, die Gott machen könnte, das ist nicht Gottes Reich. Der Seele, in der Gottes Reich erglänzt und die Gottes Reich erkennt, braucht man nicht predigen oder lehren, sie wird von ihm belehrt und des ewigen Lebens getröstet. Wer weiß und erkennt, wie nahe ihm Gottes Reich ist, der kann mit Jakob sprechen: »Gott ist an diesem Ort und ich wußte es nicht.«

Gott ist in allen Kreaturen gleich nahe. Der Weise spricht: »Gott hat seine Netze und Stricke auf alle Kreaturen ausgeworfen, so daß man ihn in einer jeden finden und erkennen kann, wenn man es wahrnehmen will.« Ein Meister spricht: Der erkennt Gott recht, der ihn in gleicher Weise in allen Dingen erkennt; und wenn einer Gott in Furcht dient, ist es gut; wenn er ihm aus Liebe dient, ist es besser; aber wer ihn in Fürchten lieben kann, das ist das allerbeste. Daß ein Mensch ein Leben der Ruhe oder Rast in Gott hat, das ist gut; daß der Mensch ein Leben der Pein mit Geduld trägt, ist besser; aber daß man in dem peinvollen Leben seine Rast habe, das ist das allerbeste. Ein Mensch gehe auf dem Felde [und spreche sein Gebet] und erkenne Gott, oder er sei in der Kirche und erkenne Gott: Wenn er Gott darum, weil er an einem Ruheplatz ist, eher erkennt, so kommt das von seiner Schwäche, nicht von Gott, denn Gott ist in allen Dingen und an allen Orten gleich und ist bereit, soweit es an ihm ist, sich überall in gleicher Weise zu geben, und der erkennte Gott richtig, der ihn überall in gleicher Weise erkennte.

Wie der Himmel an allen Orten gleich fern von der Erde ist, so soll auch die Seele gleich fern sein von allen irdischen Dingen und dem einen nicht näher sein als dem andern, und sie soll sich gleichmütig halten in Liebe, in Leid, im Haben, im Entbehren, in alledem soll sie zumal gestorben, gelassen und darüber erhoben sein. Der Himmel ist rein und klar ohne alle Flecke, den Himmel berührt weder Zeit noch Raum. Alle körperlichen Dinge haben keinen Raum darin. Er ist auch nicht in der Zeit, sein Umlauf ist unglaublich schnell, sein Lauf ist ohne Zeit, aber von seinem Lauf kommt die Zeit. Nichts hindert die Seele so sehr an der Erkenntnis Gottes als Zeit und Raum. Zeit und Raum sind Stücke und Gott ist eins. Soll darum die Seele Gott erkennen, so muß sie ihn über der Zeit und über dem Raum erkennen; denn Gott ist weder dies noch das, wie diese Dinge der Mannigfaltigkeit; denn Gott ist eins.

Soll die Seele Gott erkennen, so darf sie mit dem Nichts keine Gemeinschaft haben. Wer Gott sieht, der erkennt, daß alle Kreaturen nichts sind. Wenn man eine Kreatur mit der andern vergleicht, so scheint sie schön und ist etwas; aber wenn man sie mit Gott vergleichen will, so ist sie nichts.

Ich sage mehr: Soll die Seele Gott erkennen, so muß sie auch ihrer selbst vergessen und muß sich selbst verlieren; denn solange sie sich selbst sieht und erkennt, sieht und erkennt sie Gott nicht. Wenn sie sich um Gottes willen verliert und alle Dinge verläßt, so findet sie sich in Gott wieder, weil sie Gott erkennt, und dann erkennt sie sich selbst und alle Dinge (von denen sie sich geschieden hat) in Gott in Vollkommenheit.

Will ich das höchste Gut und die ewige Güte erkennen, wahrlich, so muß ich sie erkennen, wie sie gut an sich selbst ist, nicht wie die Güte geteilt ist. Will ich das wahre Wesen erkennen, so muß ich es erkennen – wie das Sein an sich selbst ist, das heißt in Gott, nicht wie es in Kreaturen geteilt ist.

In Gott allein ist das ganze göttliche Wesen. In einem Menschen ist nicht ganzes Menschtum, denn ein Mensch ist nicht alle Menschen. Aber in Gott erkennt die Seele ganzes Menschtum und alle Dinge im Höchsten, denn sie erkennt sie in ihrem Wesen. Ein Mensch, der in einem schön gemalten Hause wohnt, weiß viel mehr davon als ein anderer, der nie hineinkam und viel davon sagen wollte. Daher ist es mir so gewiß als ich lebe und Gott lebt: Wenn die Seele Gott erkennen will, muß sie ihn über Zeit und Raum erkennen. Und eine solche Seele erkennt Gott und weiß, wie nahe Gottes Reich ist, das heißt Gott mit all seinem Reichtum. Die Meister haben viel Fragens in der Schule, wie das möglich sei, daß die Seele Gott erkennen könne? Es liegt nicht an Gottes Strenge, daß er viel von den Menschen heischt; es liegt an seiner großen Milde, daß er will, daß die Seele sich weiter mache, auf daß sie viel empfangen und er ihr viel geben könne.

Niemand soll denken, es sei schwer, hierzu zu kommen, wiewohl es schwer klingt und auch wirklich im Anfang schwer ist, im Abscheiden und Sterben aller Dinge. Aber wenn man hineinkommt, so ist kein Leben leichter und fröhlicher und lieblicher; denn Gott gibt sich gar große Mühe, allezeit bei dem Menschen zu sein, und lehrt ihn, damit er ihn zu sich bringt, wenn er anders ihm folgen will. Es begehrte nie ein Mensch so sehr nach einer Sache, als Gott begehrt, den Menschen dazu zu bringen, ihn zu erkennen. Gott ist allzeit bereit, aber wir sind sehr unbereit; Gott ist uns nahe, aber wir sind ihm ferne; Gott ist drinnen, aber wir sind draußen; Gott ist zu Hause, wir sind in der Fremde. Der Prophet spricht: »Gott führt die Gerechten durch einen engen Weg in die breite Straße, daß sie in die Weite und in die Breite kommen, das heißt: in wahre Freiheit des Geistes, der ein Geist mit Gott geworden ist.« Daß wir ihm alle folgen, daß er uns in sich bringe, das walte Gott. Amen.

Von der Armut

Die Seligkeit tat ihren Mund der Weisheit auf und sprach: »Selig sind die Armen des Geistes, das Himmelreich ist ihrer.« Alle Engel und alle Heiligen und alles, was je geboren ward, muß schweigen, wenn diese ewige Weisheit des Vaters spricht; denn alle Weisheit der Engel und aller Kreaturen ist lauter nichts vor der Weisheit Gottes, die grundlos ist. Diese Weisheit hat gesagt, daß die Armen selig seien. Nun gibt es zweierlei Armut. Die eine ist eine äußerliche Armut und die ist gut und ist sehr an dem Menschen zu loben, der es mit Willen tut unserem Herrn Jesus Christus zulieb, weil er sie selber auf Erden geübt hat. Von dieser Armut will ich nichts weiter sagen. Aber es gibt noch eine andere Armut, eine inwendige Armut, von der dies Wort unseres Herrn zu verstehn ist, das er sagt: »Selig sind die Armen des Geistes oder an Geist.«

Nun bitte ich euch, ihr möchtet so sein, daß ihr diese Rede versteht, denn ich sage euch bei der ewigen Wahrheit, wenn ihr der Wahrheit, von der wir jetzt reden, nicht gewachsen seid, so könnt ihr mich nicht verstehen. Etliche Leute haben mich gefragt, was Armut sei? Darauf wollen wir antworten.

Bischof Albrecht sagt, der sei ein armer Mensch, dem alle Dinge, die Gott je schuf, nicht Genüge tun, und das ist gut gesagt. Aber wir sagen es noch besser und nehmen Armut in einem höheren Sinne. Das ist ein armer Mensch, der nichts will und nichts weiß und nichts hat. Von diesen drei Punkten will ich sprechen.

Zum ersten also heißt der ein armer Mensch, der nichts will. Diesen Sinn verstehn etliche Leute nicht recht; das sind die Leute, die peinlich an Pönitenzien und äußerlichen Bußübungen festhalten (daß die Leute in großem Ansehen stehen, das erbarme Gott!), und sie erkennen doch so wenig von der göttlichen Wahrheit. Diese Menschen heißen heilig nach dem äußern Ansehen, aber von innen sind sie Esel, denn sie verstehen es nicht, die göttliche Wahrheit zu unterscheiden. Diese Menschen sagen, der sei ein armer Mensch, der nichts will. Das deuten sie so, der Mensch solle so sein, daß er an keinen Dingen seinen Willen mehr erfülle, vielmehr danach trachten solle, dem allerliebsten Willen Gottes zu folgen. Diese Menschen sind nicht übel daran, denn ihre Absicht ist gut; darum sollen wir sie loben; Gott und seine Barmherzigkeit erhalte sie. Aber ich sage mit guter Wahrheit, daß sie keine armen Menschen und nicht armen Menschen gleichzustellen sind. Sie sind in der Leute Augen groß geachtet, die sich auf nichts Besseres verstehen. Doch sage ich, daß sie Esel sind, die von göttlicher Wahrheit nichts verstehen. Mit ihren guten Absichten können sie vielleicht das Himmelreich erlangen, aber von dieser Armut, von der ich jetzt künden will, von der wissen sie nichts.

Wenn mich nun einer fragt, was denn ein armer Mensch sei, der nichts will, so antworte ich und spreche so. Solange der Mensch das hat, was in seinem Willen ist, und solange sein Wille ist, den allerliebsten Willen Gottes zu erfüllen, der Mensch hat nicht die Armut, von der wir sprechen wollen, denn dieser Mensch hat einen Willen, mit dem er dem Willen Gottes genug tun will, und das ist nicht das rechte. Denn will der Mensch wirklich arm sein, so soll er seines geschaffenen Willens so entledigt sein, wie er war, als er nicht war. Und ich sage euch bei der ewigen Wahrheit, solange ihr den Willen habt, den Willen Gottes zu erfüllen, und irgend nach der Ewigkeit und nach Gott begehret, so lange seid ihr nicht richtig arm; denn das ist ein armer Mensch, der nichts will und nichts erkennt und nichts begehrt.

Als ich in meiner ersten Ursache stand, da hatte ich keinen Gott und gehörte mir selbst; ich wollte nichts, ich begehrte nichts, denn ich war ein bloßes Sein und ein Erkenner meiner selbst nach göttlicher Wahrheit; da wollte ich mich selbst und wollte kein anderes Ding; was ich wollte, das war ich, und was ich war, das wollte ich, und hier stand ich ledig Gottes und aller Dinge. Aber als ich aus meinem freien Willen hinausging und mein geschaffenes Wesen empfing, da bekam ich einen Gott; denn als keine Kreaturen waren, da war Gott nicht Gott; er war, was er war. Als die Kreaturen wurden und ihr geschaffenes Wesen anfingen, da war Gott nicht in sich selbst Gott, sondern in den Kreaturen war er Gott. Nun sagen wir, daß Gott danach, daß er Gott ist, nicht ein vollendetes Ziel der Kreatur ist und nicht so große Fülle als die geringste Kreatur in Gott hat. Und gäbe es das, daß eine Fliege Vernunft hätte und vernünftig den ewigen Abgrund göttlichen Wesens, aus dem sie gekommen ist, suchen könnte, so sagen wir, daß Gott mit alledem, was Gott ist, die Fliege nicht ausfüllen und ihr nicht genug tun könnte. Deshalb bitten wir darum, daß wir Gottes entledigt werden und die Wahrheit vernehmen und der Ewigkeit teilhaft werden, wo die obersten Engel und die Seelen in gleicher Weise in dem sind, wo ich stand und wollte, was ich war, und war, was ich wollte. So soll der Mensch arm sein des Willens und so wenig wollen und begehren, wie er wollte und begehrte, als er nicht war. Und in dieser Weise ist der Mensch arm, der nichts will.

Zum zweiten ist der ein armer Mensch, der nichts weiß. Wir haben manchmal gesagt, der Mensch sollte so leben als ob er nicht lebte, weder sich selbst noch der Wahrheit noch Gott. Aber jetzt sagen wir es anders und wollen ferner sagen, daß der Mensch, der diese Armut haben soll, alles haben soll, was er war, als er nicht lebte, in keiner Weise lebte, weder sich noch der Wahrheit, noch Gott, er soll vielmehr alles Wissens so quitt und ledig sein, daß selbst nicht Erkennen Gottes in ihm lebendig ist; denn als der Mensch in der ewigen Art Gottes stand, da lebte in ihm nichts anderes: Was da lebte, das war er selbst. Daher sagen wir, daß der Mensch so seines eigenen Wissens entledigt sein soll, wie er war, als er nicht war, und Gott wirken lasse, was er wolle, und frei dastehe, als wie er von Gott kam.

Nun ist die Frage, wovon allermeist die Seelheit abhänge? Etliche Meister haben gesagt, es komme auf das Begehren an. Andere sagen, es komme auf Erkenntnis und auf Begehren an. Aber wir sagen, sie hänge nicht von der Erkenntnis noch von dem Begehren ab, sondern es ist ein Etwas in der Seele, aus dem fließt Erkenntnis und Begehren, das erkennt selbst nicht und begehrt nicht so wie die Kräfte der Seele. Wer dies erkennt, der erkennt, wovon die Seelheit abhänge. Dies Etwas hat weder vor noch nach, und es wartet nicht auf etwas Hinzukommendes, denn es kann weder gewinnen noch verlieren. Darum ist ihm jegliche Möglichkeit ganz und gar benommen, in sich zu wirken, es ist vielmehr immer dasselbe Selbe, das sich selbst in der Weise Gottes verzehrt. So, meine ich, soll der Mensch quitt und ledig dastehen, daß er nicht weiß noch erkennt, was Gott in ihm wirkt, und dann kann der Mensch Armut sein eigen nennen. Die Meister sagen, Gott sei Wesen, und zwar ein vernünftiges Wesen, und erkenne alle Dinge. Aber ich sage: Gott ist weder Wesen noch Vernunft, noch erkennt er etwas, nicht dies und nicht das. Darum ist Gott aller Dinge entledigt, und darum ist er alle Dinge. Wer nun des Geistes arm sein will, der muß alles seinen eigenen Wissens arm sein, als einer, der nichts weiß und kein Ding, weder Gott noch Kreatur, noch sich selbst. Dagegen ist es nicht so, daß der Mensch begehren solle, den Weg Gottes zu wissen oder zu erkennen. In der Weise, wie ich gesagt habe, kann der Mensch arm sein seines eigenen Wissens.

Zum dritten ist der ein armer Mensch, der nichts hat. Viele Menschen haben gesagt, das sei Vollkommenheit, daß man nichts von den leiblichen Dingen dieser Erde hat, und das ist in einem gewissen Sinne schon wahr, wenn einer es mit Willen tut. Aber dies ist nicht der Sinn, den ich meine. Ich habe vorhin gesagt, der sei ein armer Mensch, der nicht den Willen Gottes erfüllen will, sondern so leben will, daß er seines eigenen Willens und des Willens Gottes so entledigt sei, wie er war, als er nicht war. Von dieser Armut sagen wir, daß sie die ursprünglichste Armut sei. Zweitens sagen wir, das sei ein armer Mensch, der die Werke Gottes in sich selber nicht kennt. Wer so des Wissens und Erkennens ledig steht, wie Gott aller Dinge ledig steht, das ist die offenbarste Armut. Aber die dritte Armut, von der ich sprechen will, das ist die tiefste, nämlich daß der Mensch nichts hat.

Nun gebt ernstlich acht; ich habe oft gesagt, und es sagen es auch große Meister, der Mensch solle aller Dinge und aller Werke, sowohl innerlich wie äußerlich, so entledigt sein, daß er eine Eigenstätte Gottes sein könne, worin Gott wirken könne. Jetzt aber künden wir es anders. Steht die Sache so, daß der Mensch aller Dinge ledig steht, aller Kreaturen und seiner selbst und Gottes, und ist es noch so in ihm bestellt, daß Gott eine Stätte in ihm zu wirken findet, so sagen wir: Solange das in dem Menschen ist, ist der Mensch nicht arm in der tiefsten Armut, denn Gott ist nicht der Meinung mit seinen Werken, der Mensch solle eine Stätte in sich haben, worin Gott wirken könne, sondern das ist eine Armut des Geistes, daß der Mensch Gottes und aller seiner Werke so ledig steht, daß Gott, wenn er in der Seele wirken will, selbst die Stätte sei, worin er wirken will, und das tut er gerne. Denn findet Gott den Menschen so arm, so ist Gott sein eigenes Werk empfangend und ist eine Eigenstätte seiner Werke damit, daß Gott ein Wirken in sich selbst ist. Allhier erlangt der Mensch in dieser Armut das ewige Wesen, das er gewesen ist und das er jetzt ist und das er in Ewigkeit leben soll.

Daher sagen wir, daß der Mensch arm dastehen soll, daß er kein Raum sein und keinen haben soll, worin Gott wirken könne. Wenn der Mensch einen Raum behält, dann behält er Unterschiedenheit. Darum bitte ich Gott, daß er mich Gottes quitt mache, denn unwesenhaftes Wesen und Sein ohne Dasein ist über Gott und über Unterschiedenheit; da war ich selbst, da wollte ich mich selbst und erkannte mich selbst diesen Menschen machend, und darum bin ich Ursache meiner selbst nach meinem Wesen, das ewig ist, und nach meinem Wesen, das zeitlich ist. Und darum bin ich geboren und kann nach der Weise meiner Geburt, die ewig ist, niemals ersterben. Nach der Weise meiner ewigen Geburt bin ich ewiglich gewesen und bin jetzt und soll ewiglich bleiben. Was ich nach der Zeit bin, das soll sterben und soll zunichte werden, denn es ist des Tages; darum muß es mit der Zeit verderben. In meiner Geburt wurden alle Dinge geboren, und ich war Ursache meiner selbst und aller Dinge, und wollte ich, so wäre ich nicht noch alle Dinge, und wäre ich nicht, so wäre Gott nicht. Es ist nicht nötig, dies zu verstehen.

Ein großer Meister sagt, sein Münden stünde höher als sein Entspringen. Als ich aus Gott entsprang, da sprachen alle Dinge: Gott ist da. Nun kann mich das nicht selig machen, denn hier erkenne ich als Kreatur; dagegen in dem Münden, wo ich ledig stehen will im Willen Gottes und ledig stehn des Willens Gottes und aller seiner Werke und Gottes selbst, da bin ich *über* allen Kreaturen und bin weder Gott noch Kreatur, sondern ich bin, was ich war und was ich bleiben soll jetzt und immerdar. Da erhalte ich einen Ruck, der mich über alle Engel schwingen soll. Von diesem Ruck empfange ich so reiche Fülle, daß mir Gott nicht genug sein kann mit alledem, was er Gott ist, mit all seinen göttlichen Werken, denn mir wird in diesem Münden zuteil, daß ich und Gott eins sind. Da bin ich, was ich war, und da nehme ich weder ab noch zu, denn ich bin da eine unbewegliche Ur-Sache, die alle Dinge bewegt. Allhier findet Gott keine Stätte im Menschen, denn der Mensch erlangt mit seiner Armut, daß er ewiglich gewesen ist und immer bleiben soll. Allhier ist Gott im Geist eins, und das ist die tiefste Armut, die man finden kann.

Wer diese Rede nicht versteht, der bekümmere sein Herz nicht damit. Denn solange der Mensch dieser Wahrheit nicht gewachsen ist, solange wird er diese Rede nicht verstehen, denn es ist eine Wahrheit, die nicht ausgedacht ist, sondern unmittelbar gekommen aus dem Herzen Gottes. Daß wir so leben mögen, daß wir es ewig empfinden, das walte Gott. Amen.

Von Gott und der Welt

Das Allerbeste, das Gott dem Menschen je tat, das war, daß er Mensch ward. Davon will ich eine Geschichte erzählen, die wohl hierher gehört. Es war ein reicher Mann und eine reiche Frau, da stieß der Frau das Unglück zu, daß sie ein Auge verlor, dessen ward sie sehr betrübt. Da kam der Herr zu ihr und sprach: »Frau, warum seid ihr so betrübt? Ihr sollt darüber nicht betrübt sein, daß ihr euer Auge verloren habt.« Da sprach sie: »Herr, ich bin nicht darum betrübt, weil ich mein Auge verloren habe; ich bin darum betrübt, weil es mich dünkt, ihr müßtet mich nun weniger lieb haben.« Da sprach er: »Frau, ich habe euch lieb.« Danach nicht lange nachher stach er sich selbst ein Auge aus und kam zu der Frau und sprach: »Frau, damit ihr nun glaubt, daß ich euch lieb habe, habe ich mich euch gleich gemacht: Ich habe nun auch nur *ein* Auge.«

Die Meister sagen: Alle Kreaturen wirken daraufhin, daß sie gebären und sich dem Vater gleich machen wollen. Ein anderer Meister sagt: Jede wirkende Ursache wirkt allein um ihres Zweckes willen, daß sie Rast und Ruhe in ihrem Zwecke finde. Dies ist der Mensch, der konnte gar schwerlich glauben, daß ihn Gott so lieb hat, bis Gott endlich sich selbst ein Auge ausstach und menschliche Natur annahm. Dies ist Fleisch geworden.

In principio. Ein Kind ist uns geboren, ein Sohn ist uns gegeben. Ein Meister sagt: Alle Kreaturen wirken nach ihrer ersten Lauterkeit und ihrer allergrößten

Vollkommenheit. Also hat Gott getan. Er hat die Seele nach der allerhöchsten Vollkommenheit geschaffen und hat in sie gegossen alle seine Klarheit in der reinen Erstheit und ist doch unvermischt geblieben.

Nun merke! Ich sprach neulich an einem Ort: Als Gott alle Kreaturen schuf, sollte er da nicht vorher etwas geschaffen haben, das ungeschaffen war, das Bilder aller Kreaturen in sich trug? Das ist der Funke, der ist Gott so nahe, daß er ein einiges ungeschiedenes Eins ist und das Bild aller Kreaturen ohne Bild und über Bild in sich trägt.

Eine Frage ward gestern unter großen Gelehrten erörtert. Mich wundert, sprach ich, daß niemand das allergeringste Wort ergründen kann, und fragt ihr mich, ob ich, wenn ich ein einziger Sohn bin, den der himmlische Vater ewiglich geboren hat, dann ewiglich Sohn gewesen sei, so antworte ich: ja und nein. Ja, ein Sohn: indem der Vater mich ewiglich geboren hat; und nicht Sohn: entsprechend der Ungeborenheit. In principio. Hier ist uns zu verstehn gegeben, daß wir ein einziger Sohn sind, den der Vater ewiglich aus dem verborgenen Verstand der ewigen Verborgenheit geboren hat, indem er im ersten Beginn der reinen Erstheit blieb, die da eine Fülle aller Reinheit ist. Hier habe ich ewiglich geruht und geschlafen in der verborgenen Erkenntnis des ewigen Vaters, innen bleibend, ungesprochen. Aus der Lauterkeit hat er mich ewiglich geboren und als seinen eingeborenen Sohn selber in das Bild seiner ewigen Vaterschaft, damit ich Vater sei und den gebäre, von dem ich geboren bin. In gleicher Weise, als ob einer vor einem hohen Berge stünde und riefe: »Bist Du da?«, und der Schall und der Hall riefe wieder: »Bist Du da?« Oder er spräche: »Komm heraus!«, und der Schall antwortete: »Komm heraus!« Ja, wer in dem Lichte das Holz sähe, da entstünde ein Engel und ein Vernünftiger und nicht allein vernünftig, es würde lauter Vernunft, in der reinen Erstheit, die da eine Erfüllung aller Reinheit ist. So tut Gott: Er gebiert seinen eingeborenen Sohn in das höchste Teil der Seele. Und während er seinen Sohn in mich gebiert, gebäre ich ihn wieder in dem Vater. Das war nicht anders, als daß Gott den Engel gebar, während er, der Gott, von der Jungfrau geboren wurde.

Ich dachte (es ist schon manches Jahr her), wenn ich gefragt würde, wieso jede Grasspinne der andern so ungleich wäre, dann antwortete ich: Daß alle Grasspinnen so gleich sind, das ist noch wunderbarer. Ein Meister sprach: Daß alle Grasspinnen so ungleich sind, das kommt von der Verschwendung der göttlichen Güte, die er verschwenderisch in alle Kreaturen gießt, damit seine Herrlichkeit desto mehr offenbart werde. Da sprach ich: es ist wunderbarer, daß alle Grasspinnen so gleich sind, und sprach: wie alle Engel in der reinen Erstheit alleins sind, so sind alle Grasspinnen in der reinen Erstheit alleins, und alle Dinge sind alleins.

Ich dachte manchmal, wenn ich mich im Freien erging, der Mench könne mit der Zeit dazu kommen, daß er Gott zwingen kann. Wäre ich hier oben und spräche zu ihm: »Komm herauf!«, das wäre schwer. Aber spräche ich: »Setz dich hier nieder!«, das wäre leicht. So tut Gott. Wenn der Mensch sich demütigt, so kann Gott in seiner Güte sich nicht enthalten, er muß sich neigen und in den demütigen Menschen ergießen, und dem Allergeringsten gibt er sich mit seinem Allermeisten und gibt sich ganz und gar. Was Gott gibt, das ist sein Wesen, und sein Wesen ist seine Güte, und seine Güte ist seine Liebe. Alles Leid und alle Freude kommt von der Liebe.

Ich überlegte unterwegs, als ich hierher gehn wollte, ich sollte zu Hause bleiben, ich würde doch naß vor Liebe. Wenn auch ihr naß geworden seid, so wollen wir es sein lassen. – Freude und Leid kommt von der Liebe. Der Mensch soll Gott lieben, denn Gott liebt den Menschen mit all seiner höchsten Vollkommenheit. Die Meister sagen, alle Dinge wirken daraufhin, daß sie sich dem Vater gleich gebären wollen, und sagen: Die Erde flieht den Himmel; flieht sie niederwärts, so kommt sie niederwärts zum Himmel; flieht sie aufwärts, so kommt sie zu dem Niedersten des Himmels. Die Erde kann dem Himmel nicht entfliehen: Sie fliehe auf oder nieder, der Himmel fließt in sie und drückt seine Kraft in sie und macht sie fruchtbar, es sei ihr lieb oder leid. So tut Gott dem Menschen: Der ihm entfliehen möchte, der läuft ihm in den Schoß, denn ihm sind alle Winkel offen. Gott gebiert seinen Sohn in dir, es sei dir lieb oder leid, du schlafest oder wachest, Gott tut das Seine. Daß der Mensch das nicht empfindet, das liegt daran, daß seine Zunge mit dem Unflat der Kreatur beschmutzt ist und das Salz der göttlichen Liebe nicht hat. Hätten wir die göttliche Liebe, so schmeckten wir Gott und alle die Werke, die Gott je wirkte, und wir empfingen alle Dinge von Gott und wirkten dieselben Werke alle, die er wirkt. In dieser Gleichheit sind wir alle ein einziger Sohn.

Gott schuf die Seele nach seiner höchsten Vollkommenheit, daß sie eine Geburt seines eingeborenen Sohnes sein sollte. Da er dies wohl erkannte, so wollte er herausgehen aus der heimlichen Schatzkammer seiner ewigen Vaterschaft, in der er im ersten Beginne der reinen Erstheit geblieben war und ewig geschlafen und herausgesprochen hat. Da hat der Sohn das Zelt seiner ewigen Glorie aufgeschlagen und ist herausgekommen aus dem Allerhöchsten, weil er seine Freundin holen wollte, die ihm der Vater ewiglich vermählt hatte, daß er sie heimbrächte in das Allerhöchste, aus dem sie gekommen ist. Darum ging er hinaus und sprang herzu wie ein Jüngling und litt Leid aus Liebe. Aber nicht für immer ging er hinaus, er wollte wieder hineingehen in seine Kammer, das heißt in die stille Dunkelheit der verborgenen Vaterschaft. Als er ausging aus dem Allerhöchsten, da wollte er hineingehen mit seiner Braut und wollte ihr die verborgene Heimlichkeit seiner Gottheit offenbaren, wo er mit sich selbst und mit allen Kreaturen ruht.

In principio heißt so viel wie ein Anfang allen Wesens. Es gibt auch ein Ende alles Wesens, denn der erste Beginn ist um des letzten Endes willen. Ja, Gott selbst ruht nicht da, wo er der erste Beginn ist, sondern er ruht da, wo er ein Zweck und ein Ende ist und ein Rasten alles Wesens, nicht daß dies Wesen da zunichte würde, sondern es wird da vollendet zu seiner höchsten Vollkommenheit. Was ist das letzte Ende? Es ist die Verborgenheit der Dunkelheit der ewigen Gottheit und ist unbekannt und ward nie erkannt und wird niemals erkannt. Gott bleibt darin sich selbst unbekannt, und das Licht des ewigen Vaters hat ewiglich darin geschienen, und die Dunkelheit begreift das Licht nicht. Daß wir zu dieser Wahrheit kommen, dazu verhelfe uns die Wahrheit, von der wir gesprochen haben. Amen.

Von der Erneuerung des Geistes

Ihr sollt erneuert werden an eurem Geiste, der da mens heißet,« das heißt ein Bewußtsein. So spricht Sankt Paulus. Nun sagt Augustin, daß an dem ersten Teil der Seele, das da mens heißt oder Bewußtsein, mit dem Wesen der Seele eine Kraft geschaffen hat, die die Meister einen Verschluß oder Schrein geistlicher Formen oder formloser Bilder heißen. Diese Kraft macht den Vater der Seele gleich durch seine ausfließende Gottheit, von der er den ganzen Hort seines göttlichen Wesens in den Sohn und in den heiligen Geist mit persönlicher Unterscheidung gegossen hat, wie die Gedächtniskraft der Seele den Kräften der Seele den Schatz der Bilder ausgießt. Wenn nun die Seele mit dieser Kraft irgendwelche Bildlichkeit schaut, sei es das Bild eines Engels oder ihr eigenes Bild, so ist es gar mangelhaft. Schaut sie Gott, wie Gott ist oder wie er Bild ist oder wie er drei ist, es ist mangelhaft. Wenn aber alle Bilder der Seele abgeschieden werden und sie allein das einig Eine schaut, so findet das nackte Wesen der Seele das nackte formlose Wesen göttlicher Einheit, das da ist ein überwesendes Wesen, empfangend, in sich selbst liebend. O Wunder über Wunder, welch edles Empfangen ist das, daß das Wesen der Seele nichts anderes empfangen kann als allein die Einheit Gottes! Nun spricht Sankt Paulus: »Ihr sollt erneuert werden am Geiste.« Erneuerung befällt alle Kreaturen unter Gott; aber Gott befällt keine Erneuerung, er ist ganz Ewigkeit. Was ist Ewigkeit? Paßt auf. Die Eigenheit der Ewigkeit ist, daß Dasein und Jungsein in ihr eins ist, denn die Ewigkeit wäre nicht ewig, wenn sie neu werden könnte und nicht allewege wäre. Nun sage ich: Die Seele befällt Erneuerung, insofern sie Seele heißt, denn sie heißt darum Seele, weil sie dem Körper Leben gibt und eine Form des Körpers ist. Sie wird auch von der Erneuerung betroffen, insofern sie Geist heißt. Darum heißt sie ein Geist, weil sie von hier und von jetzt und von aller Natürlichkeit abgeschieden ist. Aber insofern sie ein Bild Gottes ist und namenlos wie Gott, da tritt keine Erneuerung an sie heran, sondern allein Ewigkeit wie in Gott. Nun paßt auf! Gott ist namenlos, denn von ihm kann niemand etwas sprechen oder verstehen. Darum sagt ein heidnischer Meister: Was wir von der ersten Ursache verstehen oder sprechen, das sind wir mehr selbst, als daß es die erste Ursache wäre, denn sie ist über allem Sprechen und Verstehen. Sage ich nun: Gott ist gut, so ist es nicht wahr, sondern ich bin gut, Gott ist nicht gut. Ich sage mehr: Ich bin besser als Gott, denn was gut ist, kann besser werden; was besser werden kann, kann das Allerbeste werden. Nun ist Gott nicht gut, daher kann er nicht besser werden. Und wenn er also nicht besser werden kann, so kann er auch nicht allerbest werden, denn diese drei sind fern von Gott: gut, besser und allerbest, denn er ist über allem. Sage ich ferner: Gott ist weise, so ist es nicht wahr: Ich bin weiser als er. Sage ich ferner: Gott ist ein Wesen, so ist es nicht wahr: Er ist ein überschwebendes Wesen und eine überwesende Nichtheit. Daher sagt Sankt Augustin: Das Schönste, was der Mensch von Gott sprechen kann, das ist, daß er vor Weisheitsfülle schweigen kann. Daher schweig und schwatze nicht von Gott, denn damit, daß du von ihm schwatzest, lügst du, tust also Sünde. Willst du nun ohne Sünde sein und vollkommen, so schwatze nicht von Gott. Du sollst auch nichts verstehen unter Gott, denn Gott ist über allem Verstehen. Es sagt ein Meister: Hätte ich einen Gott, den ich verstehen könnte, ich wollte ihn nimmer für Gott halten. Verstehst du nun etwas unter ihm, davon ist er nichts, und damit, daß du etwas unter ihm verstehst, kommst du in eine Unverstandsamkeit, und von der Unverstandsamkeit kommst du in eine Tierheit; denn was an den Kreaturen unverständig ist, das ist tierisch. Willst du nicht tierisch werden, so verstehe nichts von dem ungeworteten Gotte. »Ach, wie soll ich denn tun?« Du sollst ganz und gar entsinken deiner Deinheit und sollst zerfließen in seine Seinheit, und es soll dein Dein in seinem Mein ein Mein werden, so gänzlich, daß du mit ihm ewiglich verstehst seine ungewordene Istigkeit und seine ungenannte Nichtigkeit.

Nun spricht Sankt Paulus: »Ihr sollt erneuert werden am Geiste.« Wollen wir nun am Geiste erneuert werden, so müssen die sechs Kräfte der Seele, sowohl die obersten wie die untersten, jede einen goldenen Ring am Finger haben, vergoldet mit dem Golde göttlicher Liebe. Nun achtet auf die niedersten Kräfte, es sind ihrer drei. Die erste heißt Einsicht, rationale; an der sollst du einen goldenen Ring haben, das ist das Licht, auf daß deine Einsicht zu allen Zeiten ohne Zeit mit dem göttlichen Lichte erleuchtet sei. Die andere Kraft heißt die Zürnerin, irascibilis; an der sollst du einen Ring haben, das ist dein Friede. Warum? Darum: Wenn in Frieden, dann in Gott; wenn aus Frieden, dann aus Gott. Die dritte Kraft heißt Begehrung: concuspiscibilis; an der sollst du Genügsamkeit haben, damit du dich mit allen Kreaturen, die unter Gott sind, begnügst; aber mit Gott sollst du dich niemals begnügen, denn von Gott kannst du nie genug haben: Je mehr Gottes du hast, je mehr begehrst du seiner; denn könntest du dich mit Gott begnügen, so daß Gott vom Genug betroffen würde, so wäre Gott nicht Gott.

Du mußt auch an jeder von den obersten Kräften einen goldenen Ring haben. Der obersten Kräfte gibt es auch drei. Die erste heißt eine behaltende Kraft, memoria. Diese Kraft vergleicht man dem Vater in der Dreifaltigkeit. An der sollst du einen goldenen Ring haben, nämlich ein Behalten, damit du alle ewigen Dinge in dir behalten sollst. Die andere heißt Verstand, intellectus. Diese Kraft vergleicht man dem Sohne. An der sollst du auch einen goldenen Ring haben, nämlich Erkenntnis, damit du Gott zu allen Zeiten erkennen sollst. Und zwar wie? Du sollst ihn erkennen ohne Bild, ohne Mittel und ohne Gleichnis. Soll ich aber Gott so unmittelbar erkennen, so muß vollends ich er werden und er ich werden. Ich sage mehr: Gott muß vollends ich werden und ich vollends Gott, wie völlig eins, daß dies Er und dies Ich ein Ich werden und sind und in der Istigkeit ewig ein Werk wirken; denn solange dies Er und dies Ich, das heißt Gott und die Seele, nicht ein einziges Hier oder ein einziges Jetzt sind, solange könnte dies Ich mit dem Er niemals zusammenwirken oder eins werden. Die dritte Kraft heißt Wille, voluntas. Diese Kraft vergleicht man dem heiligen Geiste. An der sollst du einen goldenen Ring haben, nämlich die Liebe, damit du Gott lieben sollst. Du sollst Gott lieben ohne Liebheit, das heißt nicht darum, weil er liebevoll sei, denn Gott ist unliebevoll; er ist über aller Liebe und Liebheit. »Wie soll ich denn Gott lieben?« Du sollst Gott nichtgeistlich lieben, das hieß t, deine Seele soll nichtgeistig sein und aller Geistigkeit entkleidet; denn solange die Seele geistförmig ist, hat sie Bilder; solange sie Bilder hat, hat sie nicht Einheit noch Eintracht; solange sie nicht Eintracht hat, liebte sie Gott nicht recht, denn bei rechter Liebe kommt es auf die Eintracht an. Darum soll deine Seele nichtgeistig sein, frei von allem, was Geist ist, und soll geistlos dastehen; denn liebst du Gott, wie er Gott ist, wie er Geist ist, wie er Person ist und wie er Bild ist, das muß alles hinab. »Wie soll ich ihn denn lieben?« Du sollst ihn lieben wie er ist: ein Nichtgott, ein Nichtgeist, eine Nichtperson, ein Nichtbild, sondern: wie er ein bloßes, pures, reines Eins ist, gesondert von aller Zweiheit, und in dem Einen sollen wir ewiglich versinken von Nichts zu Nichts. Das walte Gott. Amen.

Von der Natur

Es sagen unsere Meister, alles was erkannt wird oder geboren wird, ist ein Bild, und sie sagen folgendes: Wenn der Vater seinen eingeborenen Sohn gebären soll, so muß er sein in ihm selbst bleibendes Bild gebären, das Bild in dem Grunde, so wie es von Ewigkeit in ihm gewesen ist, formae illius, das heißt seine ihm selbst bleibende Form. Dies ist eine Naturlehre, und es dünkt mich recht unbillig, daß man Gott mit Gleichnissen, mit diesem oder jenem, aufzeigen muß. Dennoch ist er weder dies noch jenes, und damit begnügt sich der Vater nicht, sondern er zieht sich zurück in die Erstheit, in das Innerste, in den Grund und in den Kern der Vaterschaft, wo er ewig drinnen gewesen ist, in sich selbst in der Vaterschaft und wo er sich selbst verzehrt als Vater seiner selbst in dem einig Einen. Hier sind alle Grasblättlein und Holz und Stein und alle Dinge eins. Dies ist das Allerbeste, und ich habe mich ganz darein vernarrt. Darum fügt die Natur alles, was sie leisten kann, da hinein, das stürzt alles in die Vaterschaft, auf daß sie eins und ein Sohn sei und all dem andern entwachsen und allein in der Vaterschaft sei, und daß sie, wenn sie nicht darein sein könne, doch wenigstens ein Gleichnis des Einen sei. Die Natur, die von Gott ist, sucht nichts, was außerhalb von ihr ist, ja, die Natur, wie sie in sich ist, hat nichts mit der Farbe zu tun, denn die Natur, die von Gott ist, die sucht nichts anderes als Gottes Gleiches.

Ich überlegte mir heute nacht, daß nur Gleiches aufeinander wirken kann. Ich kann kein Ding sehen, das mir nicht gleich ist, und ich kann kein Ding erkennen, das mir nicht gleich ist. Gott trägt alle Dinge verborgen in sich selbst, aber nicht in dies oder das unterschieden, sondern eins in Einheit. Das Auge hat auch Farbe in sich, das Auge empfängt die Farbe und das Ohr nicht. Das Ohr empfängt das Getön und die Zunge den Geschmack. Es hat jedes das, mit dem es eins ist. Demnach hat das Bild der Seele und Gottes Bild *ein* Wesen: da wir Gottes Kinder sind. Und selbst wenn ich weder Augen noch Ohren hätte, so hätte ich doch noch das Wesen.

Ich habe öfters gesagt: Die Schale muß zerbrechen, und was darinnen ist, muß herauskommen: Denn willst du den Kern haben, so mußt du die Schale zerbrechen. Und wenn du daher die Natur nackt finden willst, so müssen die Gleichnisse alle zerbrechen, und je weiter man hineintritt, um so näher ist man dem Wesen.

Vor ein paar Jahren war ich nichts; nicht lange nachher aß mein Vater und meine Mutter Fleisch und Brot und Kraut, das im Garten wuchs, und davon bin ich ein Mensch. Das konnte mein Vater oder meine Mutter nicht bewirken, sondern Gott machte meinen Körper unmittelbar und schuf meine Seele nach dem Allerhöchsten. Demnach besaß ich mein Leben selbst (possedi me). Dies Korn zielt auf den Roggen ab, dem wieder liegt es in der Natur, daß er Weizen werden kann, darum ruht er nicht, bis er eben diese Natur erreicht. Dies Weizenkorn hat es in der Natur, daß es alle Dinge werden kann, darum geht es in sich und begibt sich in den Tod, auf daß es alle Dinge werde. Und dies Erz ist

Kupfer, das hat in seiner Natur, daß es Gold werden kann, darum ruht es nicht, bis es eben diese Natur erreicht. Ja dies Holz hat in seiner Natur, daß es ein Stein werden kann; ich sage noch mehr, es kann wohl alle Dinge werden, es löst sich in ein Feuer und läßt sich verbrennen, damit es in die Feuernatur verwandelt werde, und es wird eins dem einen und hat ewig dieselbe Natur. Ja, Holz und Stein und Bein und alle Grashalme haben allesamt *ein* Wesen in der Erstheit. Und tut diese Natur das, was tut dann erst die Natur, die da so nackt in sich selbst ist, die da weder dies noch das sucht, sondern sie entwächst allem Anderssein und läuft alleins zur reinen Erstheit.

Von Gott und Mensch

Praedica verbum. Man liest ein Wörtlein von meinem Herrn Sankt Dominicus, und Sankt Paulus schreibt es, und es heißt zu deutsch also: »Sprich es heraus, sprich es hervor, bring es hervor, und gebier das Wort.« Es ist eine wunderliche Sache, daß ein Ding ausfließt und doch innen bleibt. Daß das Wort ausfließt und doch innen bleibt, das ist gar wunderbar; daß alle Kreaturen ausfließen und doch innen bleiben, das ist gar wunderbar; daß Gott gegeben hat und daß Gott gelobt hat zu geben, das ist gar wunderbar und ist unbegreiflich und unglaublich. Und das ist recht, und wäre es begreiflich und glaublich, so wäre es nicht recht. Gott ist in allen Dingen. Je mehr er in den Dingen ist, je mehr ist er aus den Dingen; je mehr er innen, je mehr er außen ist. Ich habe es schön öfters gesagt, daß Gott all diese Welt jetzt ganz und gar erschafft. Alles was Gott je vor sechstausend Jahren und mehr schuf, als Gott die Welt machte, das schafft Gott jetzt zumal. Gott ist in allen Dingen, aber insofern Gott göttlich ist und insofern Gott vernünftig ist, ist Gott nirgends so eigentlich wie in der Seele [und in dem Engel, wenn du willst], in dem Innersten der Seele und in dem Höchsten der Seele. Wo die Zeit nie hinkam, wo nie ein Bild hineinleuchtete, im Innersten und im Höchsten der Seele erschafft Gott die ganze Welt. Alles, was vergangen ist, und alles, was künftig ist, das schafft Gott im Innersten der Seele.

Der Prophet spricht: »Gott sprach eines und ich hörte zwei.« Das ist wahr: Gott sprach nie mehr als eines. Sein Spruch ist nur einer. In diesem Spruch spricht er seinen Sohn und den heiligen Geist und alle Kreaturen, und es ist nichts als *ein* Spruch in Gott. Aber der Prophet spricht: »ich hörte zwei.« Das heißt: ich nahm Gott *und* Kreaturen wahr. Wo es Gott spricht, da ist es Gott; aber hier ist es Kreatur. Die Leute glauben, Gott sei da und da Mensch geworden. Dem ist nicht so, denn Gott ist hier ebensogut Mensch geworden wie dort, und um und um ist er Mensch geworden, daß er dich als seinen eingeborenen Sohn gebäre, nicht weniger und nicht mehr.

Ich sprach gestern ein Wörtlein, das steht im Paternoster und heißt: »Dein Wille werde.« Es wäre sogar besser ausgedrückt, daß sein Wille werde, als daß ich sage: Mein Wille werde zu seinem. Daß ich es werde, das meint das Paternoster. Das Wort hat zweierlei Sinn. Erstens: Sei für alle Dinge ein Schlafender, das heißt, du sollst weder um Zeit noch um Kreaturen noch um Bilder wissen. Die Meister sagen: Wenn ein Mensch recht schliefe, und schliefe er hundert Jahr, er wüßte um keine Kreatur, er wüßte nichts von Zeit noch von Bild; und dennoch kannst du wahrnehmen, daß Gott in dir wirkt. Darum spricht die Seele im Buch der Liebe: »Ich schlafe und mein Herr wacht.« Darum kannst du, wenn alle Kreaturen in dir schlafen, wahrnehmen, was Gott in dir wirkt.

Er spricht zweitens ein Wort: Arbeite in allen Dingen; das hat dreierlei Sinn in sich. Es heißt so viel wie: Schaff deinen Nutzen in allen Dingen, denn Gott ist in allen Dingen. Sankt Augustin spricht: Gott hat alle Dinge erschaffen, nicht daß er sie werden ließe und dann seines Weges ginge, sondern er ist in ihnen geblieben. Die Leute wähnen, sie hätten mehr, wenn sie die Dinge mit Gott haben, als wenn sie Gott ohne die Dinge hätten. Aber das ist falsch, denn alle Dinge mit Gott ist nicht mehr als Gott allein, und wer glaubte, wenn er den Sohn und den Vater zugleich hätte, hätte er mehr, als wenn er den Sohn ohne den Vater hätte, der wäre im Irrtum. Darum nimm Gott in allen Dingen, und das ist ein Zeichen, daß er dich als seinen eingeborenen Sohn geboren hat, nicht weniger und nicht mehr.

Der zweite Sinn ist: Schaff deinen Nutzen in allen Dingen, das heißt: Liebe Gott über allen Dingen und deinen Nächsten wie doch selbst. Und liebst du hundert Pfund mehr bei dir als bei einem andern, das ist unrecht. Hast du einen Menschen lieber als einen andern, das ist unrecht; und hast du deinen Vater und deine Mutter und dich selbst lieber als einen andern, es ist unrecht; und hast du die Seligkeit lieber in dir als in einem andern, so ist es unrecht. »Gott schütze! Was sagt ihr? Soll ich die Seligkeit nicht in mir lieber haben als in einem anderen?« Es gibt viele Gelehrte, die das nicht begreifen, und es dünkt sie gar schwer. Aber es ist nicht schwer, es ist ganz leicht. Ich will dir zeigen, daß es nicht schwer ist. Seht, die Natur hat zweierlei Absicht, was jedes Glied am Menschen wirken soll. Die erste Absicht, die seine Werke ins Auge faßt, ist, daß es dem Körper vor allem diene und danach einem jeden Gliede genau so wie sich selbst, und nicht weniger als sich selbst, und es beachtet sich selbst nicht mehr in seinen Werken als ein anderes Glied. Es soll vielmehr hilfreich sein. Gott soll eine Regel deiner Liebe sein. Die zweite Meinung: Deine Liebe soll nur an Gott hängen, und darum liebe deinen Nächsten wie dich selbst und nicht minder als dich selbst. Liebst du die Seligkeit in Sankt Peter und in Sankt Paul wie in dir selbst, so besitzest du dieselbe Seligkeit, die auch sie haben.

Also das Wort: Schaff deinen Nutzen in allen Dingen, das heißt: Liebe Gott ebensogern in Armut wie in Reichtum, und habe ihn so lieb in der Krankheit wie in der Gesundheit, habe ihn so lieb in Prüfungen und so lieb in Leiden wie ohne Leiden. Ja, je größre Leiden, je geringre Leiden, wie zwei Eimer: je schwerer einer, je leichter der andre, und je mehr der Mensch gibt, um so leichter ist *ihm* zu geben. Einem Menschen, der Gott liebt, wäre ebenso leicht alle Welt zu schenken, wie ein Ei. Je mehr er gibt, je leichter ist ihm zu geben, wie die Apostel: Je schwerere Leiden sie hatten, je leichter litten sie es.

Das dritte: Arbeite in allen Dingen, das heißt: Wo du dich in mannigfaltigen Dingen befindest und anders als in einem bloßen reinen einfachen Wesen, das laß dir eine Arbeit sein; das heißt: Arbeit in allen Dingen füllet deinen Dienst. Das heißt so viel wie: Heb auf dein Haupt. Das hat zweierlei Sinn. Der erste ist: Leg ab alles was sein ist und gib dich Gott zu eigen; so wird Gott dein eigen, wie er sein selbst eigen ist, und er ist dir Gott, wie er sich selbst Gott ist, und nicht weniger. Was mein ist, das habe ich von niemand. Habe ich es aber von einem andern, so ist es nicht mein, sondern des andern, von dem ich es habe. Der zweite Sinn ist:

Heb auf dein Haupt, das heißt: Richte alle deine Werke auf Gott. Es sind viele Leute, die das nicht begreifen, und das dünkt mich nicht wunderbar: Denn der Mensch, der dies begreifen soll, der muß sehr abgeschieden sein und erhoben über all diese Dinge. Daß wir zu dieser Vollkommenheit kommen, das walte Gott. Amen.

Vom Tod

Man lieset von den heiligen Märtyrern, deren man heute gedenkt, daß sie durch das Schwert gestorben sind. Unser Herr sprach zu seinen Jügern: »Selig seid ihr, so ihr etwas leidet um meines Namens willen.« Nun sagt die Schrift von diesen Märtyrern, daß sie um Christi Namen willen den Tod gelitten haben und durch das Schwert umgebracht worden sind.

Hier sollen wir drei Dinge merken.

Das erste, daß sie tot sind. Was man in dieser Welt leidet, das endet. Sankt Augustin spricht: Alle Pein und alle Werke der Pein, das nimmt alles ein Ende, und der Lohn ist ewig.

Das zweite, das wir betrachten sollen, daß dies ganze Leben tödlich ist, daß wir alle Pein und alle Mühsal, die uns zustößt, nicht fürchten sollen, denn es nimmt ein Ende.

Das dritte, daß wir uns verhalten, als wären wir tot, daß uns nichts trübe, nicht Freude noch Leid noch alle Qual. Es sagt ein Meister: Den Himmel kann nichts berühren. Das meint, der Mensch ist ein himmlischer Mensch, dem alle Dinge nicht so viel sind, daß sie ihn berühren können. Es sagt ein Meister: Da doch alle Kreaturen so erbärmlich sind, woher kommt es denn, daß sie den Menschen so leicht von Gott abwenden? Die Seele ist doch in ihrem Erbärmlichsten besser als der Himmel und alle Kreaturen? Es antwortet ein Meister: Es kommt davon, daß er Gottes nicht so achtet wie er sollte. Täte er das, es wäre fast unmöglich, daß er je abfiele. Und es ist nur eine gute Lehre, daß sich der Mensch in dieser Welt so halten soll, als ob er tot wäre. Sankt Gregorius sagt, niemand habe so viel Gott, als der, der im Grunde tot sei.

Die vierte Lehre ist die allerbeste. Er sagt, daß sie tot sind. Der Tod gibt ihnen ein Wesen. Es sagt ein Meister: Die Natur zerbricht nie, ohne daß sie ein Besseres dafür gibt. Wenn das die Natur tut, wie viel mehr tut es Gott: Der zerbricht niemals, daß er nicht ein Besseres gäbe. Die Märtyrer sind tot, sie haben ein Leben verloren und haben ein Wesen empfangen. Ich bin gewiß, erkennte eine Seele das geringste, was Wesen hat, sie wollte sich keinen Augenblick davon abkehren. Das erbärmlichste, was man in Gott erkennt, wie wenn einer eine Blume verstünde, so wie sie ein Wesen in Gott hat, das stünde höher als die ganze Welt. Das Erbärmlichste, das in Gott ist, wie es Wesen ist, ist besser, als wenn einer einen Engel erkennte. Und dies sollte der Mensch leidenschaftlich begehren und betrachten, daß das Wesen so hoch steht. Wir preisen den Tod in Gott, auf daß er uns in ein Wesen wandle, das besser ist als ein Leben; ein Wesen, darin unser Wesen lebt, wo unser Leben ein Wesen wird.

Der Mensch soll sich willig in den Tod vergeben und sterben, damit ihm ein besseres Leben werde. Es muß ein gar kräftiges Leben sein, in dem tote Dinge lebendig werden, in dem selbst der Tod ein Leben wird. Bei Gott stirbt nichts: Alle Dinge werden in ihm lebendig. Sie sind tot (spricht die Schrift von dem Märtyrern) und sind in ein ewiges Leben versetzt, in das Leben, wo das Leben ein Wesen ist. Man soll im Grunde tot sein, daß uns nicht Freude noch Leid berühre. Wir bitten drum unsern lieben Herrgott, er möge uns helfen aus einem Leben, das geteilt ist, in ein Leben, das eins geworden ist. Das walte Gott. Amen.

Was ist Gott?

Was ist Gott, und was ist der Tempel Gottes? Vierundzwanzig Meister kamen zusammen und wollten sagen, was Gott sei, und konnten es nicht. Hernach kamen sie zu geeigneter Zeit wieder, und jeder von ihnen brachte seinen Spruch mit, von denen nehme ich jetzt zwei oder drei. Der eine sprach: Gott ist etwas, gegen den alle wandelbaren und zeitlichen Dinge nichts sind, und alles was Wesen hat, ist von ihm und ist gegen ihn klein. Der zweite sprach: Gott ist etwas, das da über Wesen ist und das in sich selbst niemandes bedarf und dessen alle Dinge bedürfen. Der dritte sprach: Gott ist eine Vernünftigkeit, die sich selbst erkennen will.

Ich lasse das erste und das dritte und spreche von dem zweiten, daß Gott etwas ist, das notwendig über Wesen sein muß. Was Wesen hat, Zeit oder Raum, das gehört nicht zu Gott, er ist über dasselbe; was er in allen Kreaturen ist, das ist er doch darüber; was da in vielen Dingen eins ist, das muß notwendig über den Dingen sein. Einige Meister wollten, die Seele wäre allein im Herzen. Dem ist nicht so, und darin haben große Meister geirrt. Die Seele ist ebensogut ganz und ungeteilt im Fuß und im Auge. Nehme ich ein Stück von der Zeit, so ist es weder der Tag heute noch der Tag gestern. Nehme ich aber ein Nu, das begreift alle Zeit in sich. Das Nu, worin Gott die Welt machte, ist dieser Zeit ebenso nahe wie das Nu, worin ich eben spreche, und der jüngste Tag ist diesem Nu so nahe, wie der Tag gestern war.

Ein Meister sagt: Gott ist etwas, das in Ewigkeit ungeteilt in sich selbst wirkt, das niemandes Hilfe und keines Werkzeuges bedarf, und das in sich selbst bleibt, das nichts bedarf und dessen alle Dinge bedürfen und nach dem alle Dinge trachten als in ihr letztes Ende. Dies Ende hat keine Weise, es entwächst der Weise und geht in die Weite. Sankt Bernhard sagt: Gott lieben, das ist weise ohne Weise. Kein Ding kann über sein Wesen wirken. Gott aber wirkt über Wesen in der Weite, wo er sich rühren kann, er wirkt in Unwesen Wesen; ehe ein Wesen war, wirkte Gott. Große Meister sagen, Gott sei ein absolutes Wesen; er ist hoch über Wesen, wie der oberste Engel über einer Mücke. Und ich sage, es ist ebenso unrecht, Gott ein Wesen zu heißen, als ob ich die Sinne bleich oder schwarz hieße. Gott ist weder dies noch das. Und es sagt ein Heiliger: Wenn einer wähnt, er habe Gott erkannt – wenn er etwas erkannt hat, so hat er *etwas* erkannt und hat also nicht Gott erkannt.

Kleine Meister lesen in der Schule, alle Wesen seien auf zweierlei Weise geteilt, und diese Weisen sprechen sie Gott völlig ab. Von diesen Weisen berührt Gott keine, und er entbehrt auch keine. Die erste, die am allermeisten Wesen hat, worin alle Dinge Wesen annehmen, ist die Substanz, und das letzte, was am wenigsten Wesen in sich trägt, heißt relatio, das ist in Gott gleich dem allergrößten, das am allermeisten Wesen hat; sie haben ein gleiches Bild in Gott. In Gott sind aller Dinge Bilder gleich; aber sie sind ungleich dem Bild der Dinge. Der höchste Engel und die Seele und die Mücke haben ein gleiches Bild in Gott. Gott ist nicht Wesen noch Güte. Güte klebt an Wesen und ist nicht breiter als Wesen, denn wäre nicht Wesen, so wäre nicht Güte, und Wesen ist noch reiner als Güte. In Gott ist weder Güte noch Besseres noch Allerbestes. Wer sagte, daß Gott gut sei, der täte ihm ebenso unrecht, als wer die Sonne schwarz hieße. Nun spricht doch Gott: Niemand ist gut als Gott allein. Was ist gut? Was sich dem Allgemeinen mitteilt. Den heißen sie einen guten Menschen, der gemeinnützig ist. Darum sagt ein heidnischer Meister, ein Einsiedler sei weder gut noch böse (dem Sinne nach), weil er der Gemeinschaft und den Leuten nicht nützlich sei. Gott ist das allgemeinste. Kein Ding teilt von dem Seinen mit, weil alle Kreaturen an sich selbst nichts sind. Was sie mitteilen, das haben sie von einem andern. Sie geben sich auch nicht selbst. Die Sonne gibt ihren Schein und bleibt doch dastehen, das Feuer gibt seine Hitze und bleibt doch Feuer; aber Gott teilt das Seine mit, weil er an sich selber ist, was er ist, und in allen den Gaben, die er gibt, gibt er sich selbst immer am ersten. Er gibt sich als Gott, wie er ist in allen seinen Gaben, sofern es an ihm ist, daß einer ihn empfangen könnte.

Wenn wir Gott im Wesen nehmen, so nehmen wir ihn in seiner Vorburg; denn Wesen ist sein Vorburg, worin er wohnt. Wo ist er denn in seinem Tempel? Dies ist die Vernünftigkeit, wo er heilig erglänzt, wie der andere Meister sagte, daß Gott eine Vernunft ist, die in ihrer Erkenntnis allein lebt und in sich selbst allein bleibt, und da hat ihn nie etwas berührt, denn er ist da allein in seiner Stille. Gott in seiner Selbsterkenntnis erkennt sich selbst in sich selbst.

Vom persönlichen Wesen

Gott ist die Liebe, und wer in der Liebe wohnt, der wohnt in Gott und Gott in ihm. Gott wohnt in der Seele mit allem dem, was er ist, und alle Kreatur. Darum: Wo die Seele ist, da ist Gott, denn die Seele ist in Gott. Darum ist auch die Seele, wo Gott ist, es sei denn, daß die Schrift lüge. Wo meine Seele ist, da ist Gott, und wo Gott ist, da ist auch meine Seele, und das ist so wahr, als Gott Gott ist.

Nicht allein von Natur, sondern über Natur freut sich meine Seele aller Freude und aller Seligkeit, deren sich Gott selber freut in seiner göttlichen Natur, es sei Gott lieb und leid, denn deren ist nur eines, und wo eins ist, da ist alles, und wo alles ist, da ist eins. Das ist eine sichere Wahrheit. Wo die Seele ist, da ist Gott, und wo Gott ist, da ist die Seele. Und sagte ich, daß es nicht so sei, so spräche ich unrecht.

Fürwahr, nun achtet auf ein Wörtlein, das halte ich gar wert, denn ich gedenke dessen, wie eins er mir ist, als ob er aller Kreatur vergessen habe und nicht mehr sei als ich allein. Nun bittet für die, die mir empfohlen sind! Die da um ein Teil Gottes oder um Gott bitten, die bitten unrecht; wenn ich um nichts bitte, so bitte ich recht, und das Gebet ist recht und ist kräftig. Wer irgend etwas anderes bittet, der betet einen Abgott an, und man könnte sagen, es wäre lauter Ketzerei. Ich bitte nie so wohl, als wenn ich nichts bitte und für niemand, weder für Heinrich noch für Konrad. Die wahren Anbeter beten Gott in der Wahrheit an und im Geist [nämlich im heiligen Geist]; was Gott in der Kraft ist, das sind wir im Bilde. Da erkennen wir, wie wir erkannt sind, und lieben, wie wir geliebt sind. Das ist auch ohne Werk, denn die Seele ist da eins mit dem Bilde und wirkt in der Kraft als Kraft; sie ist auch eins mit den Personen und besteht im Vermögen des Vaters und in der Weisheit des Sohnes und in der Güte des heiligen Geistes. Dies ist alles noch Werk in den Personen; das Wesen darüber aber ist ohne Werk, sondern da ist alles eins, Wesen und Werk, wo sie in Gott ist, ja wo die Personen in das Wesen hineinreichen, da ist Werk und Wesen eins, da liebt sie die Personen, sofern sie im Wesen innen bleiben und nie herauskommen, da ist ein reines wesenhaftes Bild, es ist die wesenhafte Vernünftigkeit Gottes, der die reine Kraft des Lebendigen ist, intellectus, was die Meister ein Vernehmendes nennen. Nun paßt wohl auf. Darum liebt sie erst das reine obsolucio des freien Wesens, das ohne Ort ist, das nicht liebt und nicht gibt, es ist die bloße Istigkeit, die alles Wesens und aller Istigkeit beraubt ist. Da liebt sie Gott bloß nach dem Grunde, da wo er ist, über alle Wesen. Wäre da noch Wesen, so nähme sie Wesen in Wesen; es ist da nichts als *ein* Grund. Dies ist die höchste Vollkommenheit des Geistes, wozu man in diesem Leben in der Art des Geistes kommen kann. Aber das ist nicht die höchste Vollkommenheit, die wir jemals mit Leib und Seele erreichen sollen, daß der gequälte Mensch allzumal in dieser Unterkunft festgehalten werde, ein persönliches Wesen habe – sowie die Menschheit und die Gottheit Christi ein persönliches Wesen ist –, daß ich nun darin Unterkunft habe, daß ich das persönliche

Wesen selber sei allzumal in meinem Selbstbewußtsein verharrend – wo ich doch in der Art des Geistes, in dem Grunde, eins bin, so wie der Grund selbst *ein* Grund ist – und daß ich hinwiederum in meinem äußeren Wesen dasselbe persönliche Wesen sei, das seines Selbstbewußtseins völlig beraubt sei: Dieses persönliche Wesen, Mensch-Gott, entwächst vielmehr und schwebt über den äußeren Menschen hinaus, so weit, daß er ihm nicht mehr folgen kann. Bleibt er in sich selbst stehen, so empfängt er wohl den Einfluß der Gnade von dem persönlichen Wesen in mancherlei Weise, Süßigkeit, Trost und Innigkeit, und das ist gut, aber es ist nicht das Höchste. Bleibt er also in sich selbst in der Unterkunft seiner selbst, so empfängt er wohl Trost aus Gnade und mit der Wirkung der Gnade, aber das ist nicht sein Bestes; dann müßte der innere Mensch sich nach Geistesart aus dem Grunde, in dem er eins ist, herausbiegen und müßte sich dem gnadenhaften Wesen zuwenden, von dem er Gnade empfängt.' Darum kann der Geist so niemals vollkommen werden, Leib und Seele werden vollendet, wenn der innere Mensch in der Art des Geistes seinem eigenen Wesen entrinnt, dahin, wo er im Grunde *ein* Grund ist; und ebenso muß auch der äußere Mensch der eigenen Unterkunft beraubt werden und allzumal in dem ewigen persönlichen Wesen aufgehen, das ein und dasselbe persönliche Wesen ist. Nun sind hier zwei Wesen. Das eine Wesen ist in der Gottheit das bloße substanzliche Wesen; das andere das persönliche Wesen, und ist doch *ein* Untergrund: Denn derselbe Untergrund, Christi Persönlichkeit, ist auch der Untergrund der Seele, die Stätte des ewigen Menschtums, und diese Unterkunft ist *ein* Christus, das leiblich Seiende wie das Selbstbewußsein der Person. Daher wollen wir auch eben dieser Christus sein, damit wir ihm in den Werken nachfolgen, wie er in dem Wesen ein Christus in menschlicher Art ist; denn da ich mit meinem Menschtum dieselbe Art bin, so bin ich mit dem persönlichen Wesen dergestalt vereinigt, daß ich aus Gnade in dem persönlichen Wesen eins und das persönliche Wesen selber bin, denn Gott bleibt ewiglich im Grund des Vaters und ich in ihm, *ein* Grund und ein und derselbe Christus, eine Stätte meines Menschtums; es ist ebensosehr mein wie sein in *einer* Verkörperung des ewigen Wortes, auf daß beide Wesen, Leib und Seele, in *einem* . . . Christus vollendet werden, ein Gott, ein Sohn. Daß uns das geschehe, das walte Gott.

Traktate

Von den Stufen der Seele

Wer zu seiner höchsten Stufe und zur Anschauung des obersten Gutes, das Gott selbst ist, gelangen will, der soll ein Kennen seiner selbst und der Dinge, die über ihm sind, haben, bis zum höchsten, so kommt er zur höchsten reinen Erkenntnis. Darum, lieber Mensch, lerne dich selbst erkennen, denn das ist dir besser, als wenn du die Kraft aller Kreaturen erkenntest. Wie du dich selbst erkennen sollst, dafür merke zweierlei Weise.

Zum ersten sollst du darauf achten, ob deine äußeren Sinne an ihrer Stelle wohlgeordnet sind. Seht, nun merkt, wie es um unsere äußern Sinne steht. Die Augen sind allzeit ebenso bereit, das Böse zu sehen wie das Gute. Ebenso ist das Gute auch von den Ohren zu hören, und ebenso können auch die andern Sinne wahrnehmen. Daher sollt ihr euch eifrig und mit großem Ernst zu guten Dingen zwingen. Soviel von äußern Sinnen.

Nun vernehmet von den innern Sinnen, das sind die Kräfte einer höheren Stufe, die in der Seele sind, die niedersten und die obersten. Nun erfahret von den niedersten Kräften. Die sind Mittel der obersten Kräfte und der äußeren Sinne. Darum sind sie den äußern Sinnen so nahe gelegen: Was das Auge sieht und das Ohr hört, das bringen sie sofort in das Begehren. Ist es dann eine geordnete Sache, so bringt das Begehren es sofort in eine zweite Kraft, die heißt Anschauung. Die schaut es an und bringt es wiederum weiter zur dritten, die heißt Vernünftigkeit. So wird es immer reiner, bevor es in die obersten Kräfte kommt. Die Kraft der Seele steht auf so hoher Stufe, daß sie es ohne Gleichnis und ohne Bild wahrnimmt und es in die obersten Kräfte hinaufträgt. Da wird es im Gedächtnis aufbewahrt und im Verstande verstanden und im Willen erfüllt. Das sind die obersten Kräfte der Seele, und sie sind in einer Natur. Und alles, was die Seele wirkt, das wirkt auch die einfache Natur in den Kräften.

Nun merkt auf, wie die Seele zu ihrer obersten Stufe und ihrer größten Vollendung kommt. Es sagt ein Meister: Gott wird in die Seele getragen und versetzt. So entspringt ein göttlicher Liebesquell in der Seele, der trägt die Seele zu Gott zurück. Seht, ihr sollt erfahren, wie das sei. Es sagt ein Heiliger: Alles, was man von Gott sprechen kann, das ist Gott nicht. Und es spricht ein anderer Heiliger: Alles, was man von Gott sprechen kann, das ist Gott. Und endlich spricht ein großer Meister, daß sie beide die Wahrheit sagen. Wie diese drei Heiligen sprechen, so spreche ich das folgende: Wenn die Seele mit ihrem Verstande etwas vom göttlichen Verstande versteht, so wird es dann sofort dem Willen übergeben. So nimmt es der Wille in sich und wird eins damit und alsdann erst bringt und versetzt er es in das Gedächtnis. Auf diese Weise wird Gott in die Seele getragen und versetzt. Fürwahr, nun vernehmet von dem göttlichen Liebesquell. Er fließt in der Seele über, so daß sich die obersten Kräfte in die niedersten ergießen, und diese ergießen sich in den äußern Menschen und erheben ihn aus aller Niedrigkeit, so daß er nicht wirken mag als geistige Dinge. Wie der

Geist wirkt gemäß göttlichen Werken, so muß der äußere Mensch gemäß dem Geiste wirken.

O Wunder über Wunder, wenn ich an die Vereinigung denke, die die Seele mit Gott hat! Er macht die Seele wonnefreudig, aus sich selbst zu fließen, denn alle genannten Dinge genügen ihr nicht. Und da sie selbst eine genannte Natur ist, darum genügt sie sich selbst nicht. Der göttliche Liebesquell fließt auf die Seele und zieht sie aus sich selbst in das ungenannte Wesen in ihren ersten Ursprung, der Gott allein ist. Obwohl ihm die Kreatur Namen gegeben hat, so ist er doch an sich selbst ein ungenanntes Wesen. So kommt die Seele in ihre höchste Vollendung.

Fürwahr, Herzensfreunde, nun höret weiter von den Stufen der Seele. Es sagt Sankt Augustin: Gerade wie es um Gott ist, so ist es auch um die Seele. Seht, wie sie gebildet ist nach dem Bilde der heiligen Dreifaltigkeit, das erfahret bei der Auslegung Gottes.

Gott ist dreifach von Personen und ist einfach von Natur. Gott ist auch an allen Orten und an jedem ist Gott zugleich. Das heißt so viel, als ob alle Orte *ein Ort* Gottes wären. So steht es auch um die Seele. Gott hat Vorsehung aller Dinge und bildet alle Dinge in seiner Vorsehung. Das alles ist Gott natürlich. So steht es auch um die Seele. Sie ist auch dreifach an Kräften und einfach von Natur. Die Seele ist auch in allen Gliedmaßen, und in jedem Glied ist sie zugleich. Daher sind alle Glieder *ein* Ort der Seele. Sie hat auch Vorsehung und bildet die Dinge, die ihr möglich sind. Von allem, was man von Gott sprechen kann, hat die Seele etwas Gleichnis.

Nun will ich sprechen von einer reinen Gotteserkenntnis. Ich habe euch im Auge, Bruder und Schwester, weil ihr Gottes allerbeste Freunde seid und ihm allertrautest von allen, die hier zuhören. Das Fließen ist in der Gottheit eine Einheit der drei Personen ohne Unterscheidung. In demselben Fluß fließt der Vater in den Sohn, und der Sohn fließt zurück in den Vater, und sie beide fließen in den heiligen Geist, und der heilige Geist fließt zurück in sie beide. Darum spricht der Vater seinen Sohn und spricht sich in seinem Sohne allen Kreaturen, alles in diesem Fließen. Wo sich der Vater wieder in sich zurückwendet, da spricht er sich selbst in sich selbst. Auf diese Weise ist der Fluß in sich selbst zurückgeflossen, wie Sankt Dionysius sagt. Darum ist dieser Fluß in der Gottheit ein Sprechen ohne Wort und ohne Laut, ein Hören ohne Ohren, ein Sehen ohne Augen. Darum spricht sich jede Person in der andern ohne Wort in dem Fluße. Darum ist es ein Fluß ohne Fließen. Hiervon vernehmet ein Gleichnis von der edeln Seele, die hat etwas in sich, was diesem Fluß besonders gleich ist: Wo die obersten Kräfte und die Natur *eine* Eigenschaft tragen, da fließt jede in die andere und spricht sich ohne Wort und ohne Laut. Selig sei die Seele, die da zur Anschauung des ewigen Lichtes kommt.

Nun könnte man sprechen: »Das ist alles schön und wohl gesprochen. Herzensfreund, wie geschieht das nun, daß ich zu der Stufe gelange, von der du geschrieben hast? Seht, ihr müßt wissen: Gott ist, was er ist, und was er ist, ist mein, und was mein ist, das liebe ich, und was ich liebe, das liebt mich und zieht mich an sich, und was mich angezogen hat, dem gehöre ich mehr als mir selbst. Seht, darum liebet Gott, dann werdet ihr Gott mit Gott. Davon will ich nichts weiter sagen.

Die auf sich selbst verzichtet haben und Gott in der rechten Entblößtheit nachfolgen, wie könnte das Gott lassen, er muß ja seine Gnade in die Seele gießen, die sich so in der Liebe vernichtet hat. Er gießt seine Gnade in sie und erfüllt sie und gibt sich ihr selbst in Gnaden hin.

Da schmückt Gott die Seele mit sich selbst, gerade wie das Gold mit edlem Gestein geschmückt wird. Dann bringt er die Seele in die Anschauung seiner Gottheit. Das geschieht in der Ewigkeit und nicht in der Zeit. Doch hat sie einen Vorgeschmack in der Zeit, dadurch daß hier von diesem heiligen Leben gesprochen worden ist. Das ist darum geschehen, damit ihr das wißt, daß niemand zur höchsten Stufe der Erkenntnis und des Lebens gelangen kann, ohne freiwilliger Armut nachzugehn und den Armen gleich zu sein. Das ist für alle Leute das Allerbeste. Nun loben wir Gott um seiner ewigen Güte willen, und bitten ihn, er möge uns schließlich bei sich aufnehmen. Dazu verhelfe uns der Vater und der Sohn und der heilige Geist. Amen.

Gespräch zwischen Schwester Kathrei und dem Beichtvater

Der Beichtvater geht oft zu der Tochter und spricht: Sage mir, wie geht es dir jetzt. – Sie spricht: Es geht mir übel, mir ist Himmel und Erde zu eng. – Er bittet sie, ihm etwas zu sagen. Sie spricht: Ich weiß nicht, was so klar ist, daß ich es sagen könnte. – Er spricht: Tu es Gott zulieb, sage mir ein Wort. – Er gewinnt ihr mit vielem Bitten ein Wörtlein ab. Da redete sie mit ihm so wunderbar und so tiefe Sprüche von der nackten Findung göttlicher Wahrheit, daß er spricht: Weißt du, das ist allen Menschen unbekannt, und wäre ich nicht ein so großer Gelehrter, daß ich es selbst in der Gotteswissenschaft gefunden hätte, so wäre es mir auch unbekannt. – Sie spricht: Das gönne ich euch schlecht; ich wollte, ihr hättet's mit dem Leben gefunden. – Er spricht: Du sollst wissen, daß ich davon so viel gefunden habe, daß ich es so gut weiß, wie ich es weiß, daß ich heute die Messe gelesen habe. Aber daß ich es nicht mit dem Leben in Besitz genommen habe, das ist mir leid. – Die Tochter spricht: Bittet Gott für mich, und geht wieder in ihre Einsamkeit zurück und verkehrt mit Gott. Es dauert aber nicht lange, so kommt sie wieder vor die Pforte, fragt nach ihrem würdigen Beichtvater und spricht: Herr, freuet euch mit mir, ich bin Gott geworden. – Er spricht: Gott sei gelobt! Geh weg von allen Leuten in deine Einsamkeit, bleibst du Gott, ich gönne ihn dir gern. – Sie ist dem Beichtvater gehorsam und geht in die Kirche in einen Winkel. Da kam sie dazu, daß sie alles dessen vergaß, was je Namen trug, und ward so fern aus sich selbst und aus allen erschaffenen Dingen herausgezogen, daß man sie aus der Kirche tragen mußte, und sie lag bis an den dritten Tag, und sie hielten sie für sicherlich tot. Der Beichtvater sprach: Ich glaube nicht, daß sie tot ist. – Wisset, wäre der Beichtvater nicht gewesen, so hätte man sie begraben. Man versuchte es mit allem, was man nur wußte, aber man konnte nicht finden, ob die Seele noch in dem Körper sei. Man sprach: Sie ist sicher tot. – Der Beichtvater sprach: Nein, gewiß nicht. – Am dritten Tag kam die Tochter wieder zu sich. Sie sprach: Ach, ich Arme, bin ich wieder hier? – Der Beichtvater war alsbald da und redete zu ihr und sprach: Laß mich göttlichen Wortes genießen und tue mir kund, was du gefunden. – Sie sprach: Gott weiß wohl, ich kann nicht. Was ich gefunden habe, das kann niemand in Worte fassen. – Er sprach: Hast du nun alles, was du willst? – Sie sprach: Ja, ich bin bewähret. – Er sprach: Wisse, diese Rede höre ich gerne, liebe Tochter, rede weiter. – Sie sprach: Wo ich stehe, da kann keine Kreatur in kreatürlicher Weise hinkommen. – Er sprach: Berichte mich besser. – Sie sprach: Ich bin da, wo ich war, ehe ich geschaffen wurde, da ist bloß Gott und Gott. Da gibt es weder Engel noch Heilige, noch Chöre, noch Himmel. Manche Leute sagen von acht Himmeln und von neun Chören; davon ist da nichts, wo ich bin. Ihr sollt wissen, alles was man so in Worte faßt und den Leuten mit Bildern vorlegt, das ist nichts als ein Mittel, zu Gott zu locken. Wisset, daß in Gott nichts ist als Gott; wisset, daß keine Seele in Gott hineinkommen kann, bevor sie nicht so Gott wird, wie sie Gott war, bevor sie geschaffen wurde. – Er sprach: Liebe Tochter, du sprichst wahr. Nun tu es um Gottes willen, und rate mir deinen nächsten Rat, wie ich dazu komme, daß ich dies Gut besitze. – Sie sprach: Ich gebe euch einen getreuen Rat. Ihr wisset wohl, daß alle Kreaturen von Nichts geschaffen sind und wieder zu Nichts werden müssen, ehe sie in ihren Urprung kommen. – Er sprach: Das ist wahr. – Sie sprach: So ist euch genug gesagt. Prüfet, was ist Nichts? – Er sprach: Ich weiß, was Nichts ist, und weiß wohl, was weniger ist als Nichts. Das sollst du so verstehn: Alle vergänglichen Dinge sind vor Gott nichts. Wer also Vergängliches übt, der ist weniger als Nichts. – Warum? – Er ist des Vergänglichen Knecht. Nichts ist Nichts. Wer dem Nichts dient, ist weniger als Nichts. – Sie sprach: Das ist wahr. Danach richtet euch, wenn ihr zu eurem Gut kommen wollt, und ihr sollt euch vernichten unter euch selbst und unter alle Kreatur, so daß ihr nichts mehr zu tun findet, damit Gott in euch wirken könne. – Er sprach: Du sagst die Wahrheit. Ein Meister spricht: »Wer Gott als seinen Gott liebt und Gott als seinen Gott anbetet und sich damit genügen läßt, das ist für mich ein ungläubiger Mensch.« – Sie sprach: Selig sei der Meister, der dies je gesprochen hat: Er erkannte die Wahrheit. Ihr sollt wissen, wer sich damit genügen läßt, mit dem, was man in Worte fassen kann: Gott ist ein Wort, Himmelreich ist ein Wort; wer nicht weiter kommen will mit den Kräften der Seele, mit Erkenntnis und mit Liebe, als je in Worte gefaßt ward, der soll mit Fug ein Ungläubiger heißen.

Was man in Worte faßt, das begreifen die niedersten Sinne oder Kräfte der Seele. Damit begnügen sich die obersten Kräfte der Seele nicht: Sie dringen immer weiter voran, bis sie in den Ursprung kommen, woraus die Seele geflossen ist. Ihr sollt aber wissen, daß die Kraft der Seele nicht in den Ursprung kommen kann. Wenn die Seele in ihrer Majestät über allen geschaffenen Dingen vor dem Ursprung steht, so bleiben alle Kräfte draußen. Das sollt ihr so verstehen. Es ist die Seele nackt und aller namentragenden Dinge entblößt, so steht sie eins in einem, so daß sie ein Vorwärtsgehen in der bloßen Gottheit hat, wie das Öl auf dem Tuche, das läuft immer weiter: So läuft die Seele weiter und fließt immer vorwärts, solange als Gott das angeordnet hat, daß sie dem Leib in der Zeit Wesen geben muß. Wisset, solange der gute Mensch auf Erden lebt, solange hat seine Seele Fortgang in der Ewigkeit. Darum haben gute Menschen das Leben lieb. Wie die Guten hinaufgehen, so gehen die Bösen, die in Fehlern sind, hinab. – Fürwahr, liebe Tochter, nun erkläre mir: Man spricht von der Hölle und vom Fegefeuer und vom Himmelreich, und davon lesen wir gar viel. Nun lesen wir aber auch, daß Gott in allen Dingen ist und alle Dinge in Gott. – Sie sprach: Das sage ich dir gerne, soweit ich's in Worte fassen kann. Hölle ist nichts als ein Wesen. Was hier das Wesen der Leute ist, das bleibt ihr Wesen in Ewigkeit, so wie sie drin gefunden werden. Eine Menge Leute glauben, sie hätten hier ein Wesen der Kreatur und dort besäßen sie ein göttliches Wesen. Das kann nicht sein. Wisset, daß darin sich viele Leute täuschen. Das Fegefeuer ist ein angenommenes Ding wie eine Buße, das nimmt ein Ende. Man spricht vom jüngsten Tage, daß Gott da Urteil sprechen soll. Das ist wahr. Es ist aber nicht so, wie die Leute wähnen. Jeder Mensch urteilt über sich selbst: wie er da in seinem Wesen erscheint, so soll er ewiglich bleiben. – Die Tochter redete immer weiter und kam mit der Rede auf Gott und sprach so viel von Gott, daß der Beichtvater nur immer sprach: Liebe Tochter, rede weiter. – Die Tochter sagte ihm so viel von der Größe Gottes und seiner Macht und seiner Vorsehung, daß er von allen seinen äußern Sinnen kam, und man ihn in eine stille Zelle tragen mußte, und da lag er eine lange Zeit, ehe er wieder zu sich kam. Als er wieder zu sich gekommen war, hatte er Begierde, daß die Tochter zu ihm käme. Die Tochter kam zu dem Beichtvater und sprach: Wie geht es euch jetzt? – Er sprach: Von Herzen gut. Gelobt sei Gott, daß er dich je zu einem Menschen schuf! Du hast mir den Weg zu meiner ewigen Seligkeit gewiesen, ich bin zur Anschauung Gottes gekommen, und mir ist ein wahres Wissen alles dessen gegeben, was ich von deinem Munde gehört habe. Fürwahr, liebe Tochter, gedenke der Liebe, die du von Gott hast, und hilf mir mit Worten und mit Werken, daß ich da, wo ich jetzt bin, ein Bleiben erlange. – Sie sprach: Wisset, das kann nicht sein. Ihr habt nicht die rechte Natur dazu. Wenn eure Seele und eure Kräfte in gewohnter Weise den Weg auf und nieder gehen, wie ein Gefolge an einem Hofe aus und eingeht, und ihr das himmlische Gefolge und alles, was Gott je schuf, so gut zu unterscheiden versteht, wie ein Mann sein Gefolge kennt, dann sollt ihr den Unterschied zwischen Gott und der Gottheit prüfen. Dann erst sollt ihr danach trachten, daß ihr bewährt werdet. Ihr sollt euch nicht verirren, ihr sollt mit den Kreaturen Kurzweil suchen, daß ihr keinen Schaden davon nehmt und auch sie von euch keinen Schaden erleiden. Hiermit sollt ihr eure Kräfte heben, damit ihr nicht in Raserei verfallet. Dies sollt ihr so oft tun, bis die Kräfte der Seele gereizt werden, bis ihr in das Wissen gelangt, von dem wir vorhin geredet haben. – Gelobt und geehrt sei der süße Name unsres Herrn Jesu Christi. Amen.

Von der Abgeschiedenheit

Ich habe viele Schriften gelesen, von heidnischen Meistern und von Propheten und vom alten und neuen Bund und habe mit Ernst und ganzem Fleiß gesucht, was die beste und höchste Tugend sei, mit der der Mensch sich auf dem nächsten Wege zu Gott verfügen könnte, und mit der der Mensch ganz gleich wäre dem Bilde, wie er in Gott war, indem zwischen ihm und Gott kein Unterschied war, bevor Gott die Kreaturen erschuf. Und wenn ich alle Schriften durchforsche, so gut meine Vernunft zu ergründen und erkennen vermag, so finde ich nichts anderes als reine Abgeschiedenheit, die aller Kreaturen entledigt ist. Darum sprach unser Herr zu Martha: »unum est necessarium,« das heißt so viel wie: Wer getrübt und rein sein will, der muß eines haben, und das ist Abgeschiedenheit.

Die Lehrer loben gar gewaltig die Liebe, wie zum Beispiel Sankt Paulus mit den Worten: »Was ich auch üben mag, habe ich nicht Liebe, so habe ich gar nichts.« Ich aber lobe die Abgeschiedenheit mehr als alle Liebe. Zum ersten darum, weil das Gute an der Liebe ist, daß sie mich zwingt, Gott zu lieben. Nun ist es viel mehr wert, daß ich Gott zu mir zwinge, als daß ich mich zu Gott zwinge. Und das kommt daher, daß meine ewige Seligkeit daran liegt, daß ich und Gott vereinigt werden; denn Gott kann sich passender mir anpassen und besser mit mir vereinigen als ich mit ihm. Daß Abgeschiedenheit Gott zu mir zwingt, das bewähre ich damit: Ein jedes Ding ist doch gerne an seiner natürlichen Eigenstätte. Nun ist Gottes natürliche Eigenstätte Einfachheit und Reinheit; die kommen von der Abgeschiedenheit. Darum muß Gott notwendig sich selbst einem abgeschiedenen Herzen hingeben. – Zum zweiten lobe ich die Abgeschiedenheit mehr als die Liebe, weil die Liebe mich dazu zwingt, alles um Gottes willen auf mich zu nehmen, während die Abgeschiedenheit mich dazu zwingt, daß ich für nichts empfänglich bin als für Gott. Nun steht es aber viel höher, für gar nichts als Gott empfänglich zu sein, als um Gottes willen alles zu tragen. Denn in dem Leiden hat der Mensch noch einen Hinblick auf die Kreatur, von der er zu leiden hat. Die Abgeschiedenheit dagegen ist aller Kreatur entledigt. Daß aber die Abgeschiedenheit für nichts als für Gott empfänglich ist, das beweise ich: Denn was empfangen werden soll, das muß irgendworin empfangen werden. Nun ist aber die Abgeschiedenheit dem Nichts so nahe, daß kein Ding so zierlich ist, daß es in der Abgeschiedenheit enthalten sein kann als Gott allein. Der ist so einfach und zierlich, daß er wohl in dem abgeschiedenen Herzen sich aufhalten kann.

Die Meister loben auch die Demut vor vielen andern Tugenden. Ich lobe die Abgeschiedenheit vor aller Demut, und zwar darum. Die Demut kann ohne die Abgeschiedenheit bleiben; dagegen gibt es keine vollkommene Abgeschiedenheit ohne vollkommene Demut. Denn vollkommene Demut zielt auf ein Vernichten seiner selbst; nun berührt sich aber die Abgeschiedenheit so nahe mit dem Nichts, daß zwischen ihr und dem Nichts kein Ding mehr sein kann. Daher kann es keine vollkommene Abgeschiedenheit ohne Demut geben, und zwei Tugenden sind immer besser als eine. Der andere Grund, warum ich die Abgeschiedenheit der Demut vorziehe, ist das, daß die vollkommene Demut sich selbst unter alle Kreaturen beugt, und eben damit begibt sich der Mensch aus sich selbst zu den Kreaturen. Aber die Abgeschiedenheit bleibt in sich selbst. Nun aber kann kein Hinausgehen jemals so hoch stehen wie das Darinblieben in sich selbst. Die vollkommene Abgeschiedenheit achtet auf nichts und neigt sich weder unter noch über eine Kreatur; sie will nicht unten noch oben sein; sie will so für sich selbst verharren, niemand zu Lieb und niemand zu Leid, und will weder Gleichheit noch Ungleichheit, noch dies noch das mit irgendeiner Kreatur gemein haben, sie will nichts anderes, als allein sein. Daher werden keinerlei Dinge von ihr belästigt.

Ich ziehe auch die Abgeschiedenheit allem Mitleid vor, denn das Mitleid ist nichts anderes, als daß der Mensch aus sich selbst heraus zu den Gebresten seines Mitmenschen geht und davon sein Herz betrüben läßt. Dessen steht die Abgeschiedenheit ledig und bleibt in sich selbst und läßt sich durch nichts betrüben. Kurz gesagt: Wenn ich alle Tugenden betrachte, so finde ich keine so ganz ohne Fehler und so zu Gott führend wie die Abgeschiedenheit.

Ein Meister, namens Avicenna spricht: Die Stufe des Geistes, der abgeschieden ist, ist so hoch, das alles, was er schaut, wahr ist, und was er begehrt, wird ihm gewährt, und wo er gebietet, da muß man ihm gehorsam sein. Und ihr sollt das fürwahr wissen: Wenn der freie

Geist in rechter Abgeschiedenheit steht, so zwingt er Gott zu seinem Wesen; und könnte er formlos und ohne allen Zustand sein, so nähme er Gottes Eigenschaft an. Das kann aber Gott niemandem geben als sich selbst; daher kann Gott dem abgeschiedenen Geiste nicht mehr tun, als daß er sich ihm selbst gibt. Und der Mensch, der so in die Ewigkeit verzückt, daß ihn kein vergängliches Ding bewegen kann, daß er nichts empfindet, was körperlich ist, und der Welt tot heißt, denn er empfindet und schmeckt nichts, was irdisch ist. Das meinte Sankt Paulus, als er sprach: »Ich lebe und lebe doch nicht, Christus lebt in mir.« Nun könntest du fragen, was denn die Abgeschiedenheit sei, wenn sie so edel an sich selbst ist? Nun sollst du erfahren, daß richtige Abgeschiedenheit nichts anderes ist, als daß der Geist gegen alle Umstände, sei es Freude oder Leid, Ehre, Schaden oder Schmach, so unbeweglich bleibt wie ein breiter Berg gegen einen kleinen Wind. Diese unbewegliche Abgeschiedenheit bringt den Menschen die größte Gleichheit mit Gott. Denn daß Gott Gott ist, das hat er von seiner unbeweglichen Abgeschiedenheit, und davon hat er seine Reinheit und seine Einfachheit und seine Unwandelbarkeit. Will daher der Mensch Gott gleich werden, soweit eine Kreatur Gleichheit mit Gott haben kann, so muß er abgeschieden sein. Und du sollst wissen: Leer sein aller Kreaturen ist Gottes voll sein, und voll sein aller Kreatur ist Gottes leer sein. Du sollst ferner wissen, daß Gott in dieser unbeweglichen Abgeschiedenheit vorweltlich gestanden ist und noch steht, und sollst wissen, als Gott Himmel und Erde erschuf und alle Kreaturen, das ging seine unbewegliche Abgeschiedenheit so wenig an, als ob er nie Kreaturen geschaffen hätte. Ich sage noch mehr: Von allen Gebeten und guten Werken, die der Mensch in der Zeit wirken kann, wird Gottes Abgeschiedenheit so wenig bewegt, als ob nirgends in der Zeit ein Gebet oder ein gutes Werk geschähe, und Gott wird gegen den Menschen dadurch so wenig huldvoller oder geneigter, wie wenn das Gebet oder die guten Werke nicht vor sich gegangen wären. Ich sage noch mehr: Als der Sohn in der Gottheit Mensch werden wollte und ward und die Marter erlitt, das ging die unbewegliche Abgeschiedenheit Gottes so wenig an, als ob er nie Mensch geworden wäre. Nun könntest du sagen: So höre ich wohl, daß alles Gebet und alle guten Werke verloren sind, wenn sich Gott ihrer nicht annimmt, und daß ihn niemand damit bewegen kann, und man sagt doch, Gott will um alle Dinge gebeten werden. Hier sollst du wohl auf mich achten und mich recht verstehn (wenn es dir möglich ist), daß Gott mit seinem ersten Blick (wenn wir von einem ersten Blick da reden wollen) alle Dinge ansah, wie sie geschehen sollten, und mit demselben Blick sah, wann und wie er die Kreaturen erschaffen sollte. Er sah auch das geringste Gebet und gute Werk, das jemand je tun würde, und sah an, welches Gebet und welche Andacht er erhören sollte; er sah, daß du ihn morgen eifrig anrufen und mit rechtem Ernst bitten wirst, und dieses Anrufen und Gebet wird Gott nicht morgen erhören, denn er hat es in seiner Ewigkeit gehört, bevor du Mensch wurdest. Ist aber dein Gebet nicht vernünftig oder ohne Ernst, so wird es dir Gott nicht jetzt versagen, denn er hat es dir in seiner Ewigkeit versagt. So hat Gott mit seinem ersten ewigen Blick alle Dinge angesehen und wirkt gar nichts um eines Warums willen, denn es ist alles ein vorgewirktes Ding. Und so steht Gott allezeit in seiner unbeweglichen Abgeschiedenheit, während doch darum der Leute Gebet und gute Werke nicht verloren sind, denn wer recht tut, dem wird auch recht gelohnt. Philippus sagt: »Gott Schöpfer hält die Dinge in dem Lauf und der Ordnung, die er ihnen im Anfang gegeben hat.« Denn bei ihm ist nichts vergangen und auch nichts künftig, und er hat alle Heiligen geliebt, wie er sie vorhergesehen hat, ehe die Welt ward. Und wenn es dazu kommt, daß sich das in der Zeit zeigt, was er in der Ewigkeit angesehen hat, so wähnen die Leute, Gott habe sich eine neue Liebe beigelegt; und wenn er zürnt oder etwas Gutes tut, so werden wir gewandelt, er aber bleibt unwandelbar, wie der Sonnenschein den kranken Augen weh und den gesunden wohl tut, und bleibt doch für sich selbst unwandelbar derselbe Schein. Gott sieht nicht die Zeit, und in seinem Sehen geschieht auch keine Erneuerung. In diesem Sinne spricht auch Isidorus in dem Buch vom obersten Gute: Es fragen viele Leute, was Gott tat, ehe er Himmel und Erde erschuf, oder woher der neue Wille in Gott kam, daß er die Kreaturen schuf? und antwortete folgendes: Es stand nie ein neuer Wille in Gott auf, denn obwohl es richtig ist, daß die Kreatur nicht für sich selbst war, wie sie jetzt ist, so war sie doch vorweltlich in Gott und seiner Vernunft. Gott schuf nicht Himmel und Erde, wie wir vergänglich sagen, daß sie wurden, sondern alle Kreaturen sind in dem ewigen Worte gesprochen. Nun könnte ein Mensch fragen: Hatte Christus auch unbewegliche Abgeschiedenheit, als er sprach: »Meine Seele ist betrübt bis in den Tod?« und Maria, als sie unter dem Kreuze stand? und man spricht doch viel von ihrer Klage: Wie kann dies alles sich vertragen mit unbeweglicher Abgeschiedenheit? Hier sollst du erfahren, was die Meister sprechen, daß in einem jeden Menschen zweierlei Menschen sind: Der eine heißt der äußere Mensch, das ist die Sinnlichkeit; diesem Menschen dienen fünf Sinne, doch wirkt er mit der Kraft der Seele. Der andere Mensch heißt der innere Mensch, das ist des Menschen Innerlichkeit. Nun sollst du wissen, daß jeder Mensch, der Gott liebt, die Kräfte der Seele in dem äußern Menschen nicht mehr anwendet, als die fünf Sinne zur Not bedürfen; und die Innerlichkeit wendet sich nur insoweit zu den fünf Sinnen, als sie ein Führer und Lehrer derselben ist und sie behütet, daß sie ihren Gegenstand nicht tierisch benutzen, wie manche Leute tun, die ihrer leiblichen Wollust nachleben wie die Tiere, die ohne Vernunft sind, und solche Leute sollten eigentlich mehr Tiere als Menschen heißen. Und die Kräfte, die die Seele überdies hat und den fünf Sinnen nicht gibt, gibt sie alle dem innern Menschen, und wenn er einen hohen, edlen Gegenstand hat, so zieht sie alle die Kräfte, die sie den fünf Sinnen geliehen hat, zu sich heran, und es heißt dieser Mensch dann von Sinnen und verzückt, weil sein Gegenstand eine unvernünftiges Bild ist oder etwas Vernünftiges ohne Bild. Und wisset, daß Gott von jedem Geistmenschen begehrt, daß er ihn mit allen Kräften der Seele liebt. Darum sprach er: »Liebe deinen Gott von ganzem Herzen.« Nun gibt es manche Menschen, die verzehren die Kräfte der Seele ganz und gar in dem äußern Menschen. Das sind die Leute, die alle ihre Sinne und Gedanken auf vergängliche Güter richten und nichts von dem inneren Menschen wissen. Wie nun ein guter Mensch manchmal den äußern Menschen aller Kräfte der Seele beraubt, wenn sie eine hohe Aufgabe hat, so berauben tierische Leute den innern Menschen aller Kräfte der Seele und gebrauchen sie für den äußern Menschen. Nun mußt du wissen, daß der äußere Mensch in Tätigkeit sein kann, während der innere gänzlich derselben entledigt und unbeweglich steht. Nun war in Christus auch ein äußerer und ein innerer Mensch und ebenso in unserer Frau, und alles, was Christus und unsere Frau je von äußeren Dingen redeten, das taten sie als äußerer Mensch, und der innere Mensch stand in einer unbeweglichen Abgeschiedenheit. Nimm dafür ein Ebenbild: Eine Tür geht in einer Angel auf und zu. Nun vergleiche ich das äußere Brett an der Türe dem äußeren Menschen, und die Angel dem inneren Menschen. Wenn nun die Tür auf und zu geht, so bewegt sich das äußere Brett hin und her, und die Angel bleibt doch unbeweglich an einem Fleck und wird darum nicht im geringsten verändert. In gleicher Weise ist es auch hier.

Nun frage ich, was die Aufgabe der reinen Abgeschiedenheit sei? Darauf antworte ich, daß weder dies noch das ihre Aufgabe ist. Sie beruht auf einem bloßen Nichts, denn sie beruht auf dem Höchsten, worin Gott mit seinem ganzen Wirken kann. Nun kann Gott nicht in allen Herzen trotz all seines Willens etwas wirken. Denn obwohl Gott allmächtig ist, so kann er doch nur wirken, wenn er Bereitschaft oder Macht findet. Sein Wirken ist in den Menschen anders als in den Steinen; dafür finden wir in der Natur ein Gleichnis. Wenn man einen Backofen heizt und einen Teig von Hafer und einen von Gerste und einen von Roggen und einen von Weizen hineinlegt, so ist nur *eine* Hitze in dem Ofen, und doch wirkt sie nicht in allen Teigen gleich; denn der eine wird ein schönes Brot, der andere wird rauh und der dritte noch rauher. Daran ist nicht die Hitze schuld, sondern die Materie, die ungleich ist. Ebenso wirkt Gott nicht in allen Herzen gleich, sondern je nachdem er Bereitschaft und Empfänglichkeit findet. In den Herzen nun, in denen dies oder das ist, kann etwas sein, das Gott hindert aufs höchste zu wirken. Soll daher ein Herz Bereitschaft für das Allerhöchste haben, so muß es auf einem bloßen Nichts beruhen, und darin ist auch die größte Möglichkeit, die es geben kann. Nimm dafür ein Gleichnis aus der Natur. Will ich auf eine weiße Tafel schreiben, so kann etwas, das auf der Tafel geschrieben steht, noch so erhaben sein, es stört mich doch, weil ich nicht darauf schreiben kann; und wenn ich schreiben will, so muß ich alles auslöschen, was auf der Tafel steht, und die Tafel paßt mir dann am besten zum Schreiben, wenn nichts darauf steht. Ebenso ist es, wenn Gott aufs allerhöchste in mein Herz schreiben will, dann muß alles aus dem Herzen heraus, was dies oder das geheißen ist, und so steht es um das abgeschiedene Herz. Daher mag dann Gott aufs allerhöchste seinen obersten Willen wirken, und so ist des abgeschiedenen Herzens Aufgabe weder dies noch das. Nun frage ich aber: Was ist des abgeschiedenen Herzens Gebet? Ich antworte: Abgeschiedenheit und Reinheit kann nicht bitten, denn wer bittet, der begehrt etwas von Gott, was ihm zuteil werde, oder was Gott ihm abnehmen soll. Nun begehrt aber das abgeschiedene Herz nach nichts und hat auch nichts, dessen es gerne ledig wäre. Darum ist es allen Gebets entledigt, und sein Gebet ist nichts anderes als mit Gott einförmig. In diesem Sinne können wir das Wort nehmen, das Dionysius über Sankt Pauls Wort spricht: »Es sind ihrer viel, die alle nach der Krone laufen, und sie wird doch nur einem zuteil.« Alle Kräfte der Seele laufen nach der Krone, und sie wird doch allein dem Wesen zuteil. Dazu also sagt Dionysius: Der Lauf ist nichts anderes als ein Abwenden von allen Kreaturen und ein Vereinigen mit der Ungeschaffenheit. Und wenn die Seele dazu kommt, dann verliert sie ihren Namen und zieht Gott in sich, daß sie an sich selbst zunichte wird, wie die Sonne das Morgenrot anzieht, daß es zunichte wird. Dazu bringt den Menschen nichts als reine Abgeschiedenheit. Hierher kann auch das Wort, das Sankt Augustin spricht, passen: Die Seele hat einen himmlischen Eingang in die göttliche Natur, wo ihr alle Dinge zunichte werden. Dieser Eingang ist auf Erden nichts anderes als reine Abgeschiedenheit. Und wenn die Abgeschiedenheit aufs höchste kommt, so wird sie aus Bewußtsein bewußtlos und aus Liebe lieblos und vor Licht finster. Darum können wir auch annehmen, was ein Meister spricht: Selig sind die Armen des Geistes, die Gott alle Dinge gelassen haben, wie er sie hatte, als wir nicht waren. Daß Gott in einem abgeschiedenen Herzen lieber ist als in allen andern Herzen, das merken wir daran: Wenn du mich fragst, was Gott in allen Dingen suche, so antworte ich dir aus dem Buche der Weisheit, wo er spricht: »In allen Dinge suche ich Ruhe.« Es ist aber nirgends ganze Ruhe als allein in dem abgeschiedenen Herzen. Es kann sich aber kein Mensch für das göttliche Einfließen anders empfänglich machen als dadurch, daß er mit Gott einförmig wird, denn je nachdem ein Mensch mit Gott einförmig ist, ist er des göttlichen Einfließens empfänglich. Daher scheidet die Bilder ab, und einigt euch mit formlosem Wesen, denn Gottes geistiger Trost ist zart, darum will er sich niemandem bieten als dem, der leiblichen Trost verschmäht.

Nun höret, vernünftige Leute allesamt: Es ist niemand fröhlicher, als wer in der größten Abgeschiedenheit steht. Es kann keine leibliche oder fleischliche Lust ohne geistigen Schaden sein; wer darum im Fleisch ungeordnete Liebe sät, der ruft den Tod herbei; und wer im Geist ordentliche Liebe sät, der erntet im Geist das ewige Leben. Je mehr daher der Mensch vor dem Geschöpf flieht, um so mehr läuft ihm der Schöpfer nach. Daher ist Abgeschiedenheit das allerbeste, denn sie reinigt die Seele und läutert die Gewissen und entzündet das Herz und erweckt den Geist und spornt die Begierde und vergoldet die Tugend und läßt Gott erkennen und scheidet die Kreatur ab und vereint sie mit Gott; denn die von Gott getrennte Liebe ist wie das Wasser im Feuer und die mit ihm vereinigte Liebe ist wie der Waben im Honig. Nun paßt auf, vernünftige

Geister allesamt! Das schnellste Tier, das euch zur Vollkommenheit trägt, ist Leiden, denn es genießt niemand mehr der ewigen Seligkeit als wer mit Christus in der größten Bitternis steht. Es gibt nichts Galligeres als Leiden und nichts Honigsameres als gelitten haben. Das sicherste Fundament, worauf diese Vollkommenheit beruhen kann, ist Demut, denn wessen Natur hier in der tiefsten Niedrigkeit kriecht, dessen Geist fliegt auf in das Höchste der Gottheit, denn Freude bringt Leid, und Leid bringt Freude. Der Menschen Tun ist vielerlei: Der eine lebt so, der andere anders. Wer in dieser Zeit zum höchsten Leben kommen will, der nehme mit kurzen Worten aus dieser ganzen Schrift die Lehre, mit der ich schließe:

Halte dich abgeschieden von allen Menschen, halte dich rein von allen eingezogenen Bildern, befreie dich von alledem, was Unfall, Haft und Kummer bringen kann, und richte dein Gemüt allzeit auf ein tugendhaftes Schauen, in dem du Gott in deinem Herzen trägst als stetes Ziel, von dem deine Augen niemals ablassen; und was andere Übungen angeht als Fasten, Wachen, Beten, die richte darauf als auf ihren Zweck und habe so viel davon, als sie dich dazu fördern können, so erreichst du das Ziel der Vollkommenheit. Nun könnte jemand sagen: Wer könnte den unverwandten Anblick des göttlichen Vorbildes aushalten? Darauf antworte ich: niemand, der heutzutage lebt. Es ist dir allein darum gesagt, damit du weißt, was das Höchste ist und wonach du trachten und begehren sollst. Wenn aber dieser Anblick dir entzogen wird, so soll dir, wenn du ein guter Mensch bist, zumute sein, als ob dir deine ewige Seligkeit genommen wäre, und du sollst bald zu ihm wiederkehren, damit er dir wieder werde, und du sollst allezeit auf dich selbst acht haben, und dein Ziel und deine Zuflucht soll darin sein, so sehr es dir möglich ist. Herr, gelobt seist du ewiglich. Amen.

Von der Überfreude

Wäre weder Hölle noch Himmelreich, dennoch wollte ich Gott, süßer Vater, dich und deine hohe Natur lieben, worin die Dreiheit in der Einheit steht. Seht, jetzt mögt ihr gerne hören von all dem Heimlichen der hohen Natur der Dreieinigkeit. Die Personen sind Gott in ihrer Persönlichkeit, Gottheit gemäß der Natur in der Einheit. Seht, jetzt mögt ihr hören, was Gott und Gottheit ist. Das ist ein Unterschied; den gewahrt meine Seele am Widerschein der hohen Einheit. Die leuchtet in ihr eigenes Wesen ganz ohne Unterschiedenheit. Darin hat sie all ihre Einheit verschlossen und doch mit Unterscheidung der hohen Persönlichkeit. Der Fluß ist ursprünglich, in dem die Einheit lebt; das einig Eine, das in sich selbst in dunkler Stille schwebt, ist ohne ein Bedürfen. Niemand kann es verstehen, doch in seiner Selbstheit ist es offenbar. Das Licht ist das erste in der Ursprünglichkeit, das den Geist hinausführt aus seinem Wesen in die Verborgenheit, allbleibend, eingezogen, in die Dunkelheit versunken. Allda wird er verlocket, allda wird er des Lichtes Dunkelheit entkleidet, allda verliert er beide in der Abgründlichkeit, allda wird das verborgene Wesen, der Geist, in der Einheit entfremdet, und doch ist's sein Leben.

O grundlos tiefer Abgrund, in deiner Tiefe bist du hoch, in deiner Höhe tief! Wie kann das sein? Das ist uns im Abgrund deiner Tiefe verborgen. Doch sagt Sankt Paulus, es soll uns klar werden. In dieser Klarheit ist der Geist über seine Selbstheit, ihn hat die Dreieinigkeit an sich gezogen. Da stirbt der Geist allsterbend im Wunder der Gottheit, denn er hat in der Einheit keine Unterschiedenheit; das Persönliche verliert seinen Namen in der Einheit. Wo der Geist in der Einheit auf nichts beruht, da verliert er in göttlicher Art jedes Mittel. Des Lichts wie der Dunkelheit ist er entledigt, der Materie wie der Form. Ein Fünklein, so nackt, wie es geschaffen ist, ein Nichts von seinem Nichts, das wird vom Etwas seines Nichts eingezogen. Eben das Nichts ist Nacktheit im Wesen der Person, das den Geist wegführt und in die Einheit schweben läßt. In dem Unbegreifen der hohen Einheit, die alle Dinge außer sich in ihrer Selbstheit vernichtet, ist Eins ohne Unterschiedenheit und doch ein Etwas, das aus ihrer Selbstheit geschaffen ist. Dieses Eine, das ich hier meine, ist wortlos. Eins und Eins vereint leuchtet da nackt in nackt. Wo die zwei Abgründe in einer Gleichheit schweben, gegeistet und entgeistet, da ist ein hohes Wesen; wo sich Gott entgeistet, da ist Dunkelheit in einer unerkannten bekannten Einheit. Das ist uns verborgen in der Tiefe seiner Stille. Alle Kreaturen ergründen nicht das Etwas.

Daß wir uns selbst entsinken, dess freuen
  wir uns heute,
Und danach sollt ihr trachten immerdar, ihr Leute,
Und in das Höchste eilen, das ist die Überfreude.

Die Seele auf der Suche nach Gott

Die Gott um Lohn mit äußern Werken dienen, denen soll mit geschaffenen Dingen wie Himmelreich und himmlischen Dingen gelohnt werden. Die aber Gott mit innerlichen Werken dienen, denen soll mit dem gelohnt werden, was ungeschaffen ist, das heißt mit den Werken der heiligen Dreifaltigkeit!

Nun paß auf. Zerginge das Feuer, so wäre kein Licht; zerginge die Erde, so wäre kein Leben; zerginge die Luft, so wäre keine Liebe; zerginge das Wasser, so wäre kein Raum. Darum ist Gott nicht Licht noch Leben noch Liebe noch Natur noch Geist noch Schein noch alles, was man in Worte fassen kann. Es ist Gott in Gott, und Gott ist aus Gott geflossen, und Gott befindet sich in sich selbst als Gott und befindet sich in all seinen Kreaturen als Gott und befindet sich insbesondere in einer edeln Seele. Der Vater ist allgewaltig in der Seele, der Sohn allweise, der heilige Geist alliebend in der Seele, und er liebt alle Kreaturen in gleicher Liebe. Er zeigt sich ihnen aber ungleich, und dazu ist die Seele geschaffen, daß sie es erkennen soll, wie es ist, und sich in die Reinheit des grundlosen Brunnens göttlicher Natur versenken soll und da wie eins werden mit Gott, so daß sie selbst sagen könnte, sie sei Gott. So abgezogen sollte die Seele in sich selbst sein, daß sie keine gemachten oder genannten Dinge in sich bilden kann, und sollte so entblößt in sich selbst sein, wie Gott aller Namen entblößt ist, und sollte sich über sich selbst in ihren Gott erheben und sich mit ihrem Gott für ihren Gott halten; denn Gott ist weder weiß noch schwarz noch groß noch klein; er hat weder Raum noch Vergangenheit noch Zukunft, und die Seele ist ihm nur insofern gleich, als sie sich über alle Geschaffenheit hinwegsetzen kann.

Die Seele ist eine Kreatur, die alle genannten Dinge empfangen kann, und ungenannte Dinge kann sie nur empfangen, wenn sie so tief in Gott empfangen wird, daß sie selbst namenlos wird. Und das kann dann niemand wissen, ob Gott sie oder sie Gott ergriffen habe. Dionysius sagt, daß Gott sich selbst in ihr begriffen habe und sie so ganz in sich zieht, daß sie in sich selbst nichts mehr ist als Gott. Zu dieser Erkenntnis ist die Seele geschaffen, daß sie mit einem Erguß göttlicher Herrlichkeit in den Grund des grundlosen Brunnens zurückfließen soll, woher sie geflossen ist, und erkennen soll, daß sie an sich selbst nichts ist. Das Wahrste, das uns zugehört, das ist, daß wir erkennen, daß wir von uns selbst aus nichts sind und daß wir nicht wir selbst sind.

Gott hat alle Dinge für sich selbst getan und hat die Seele sich gleich gemacht, damit sie über allen Dingen, unter allen Dingen, in allen Dingen und außerhalb aller Dinge sein könne und doch ungeteilt in sich selbst bleibe. Doch steht sie auf höherer Stufe, wenn sie in der Wüstung verharrt, wo sie nichts ist und wo kein Werk ist. Sankt Dionysius sagt: Herr, ziehe mich in die Wüste, wo du nicht gebildet bist, damit ich in deiner Wüste alle Bilder verliere. Wenn die Seele so über alle Dinge hinausgegangen ist, so spricht sie: Herr, ziehe mich in die Gottheit, wo du nichts bist, denn alles, was etwas ist, halte ich nicht für Gott. Ihren freien Willen gibt sie Gott und wirft sich in ihre Nacktheit und spricht: Herr, ziehe mich in die Finsternis deiner Gottheit, auf daß ich in der Finsternis all mein Licht verliere: Denn alles, was man offenbaren kann, halte ich nicht für Licht. Sie wird so mit Gott vereinigt, daß sie mehr Gott wird, als sie an sich selbst ist. Etwas von Gott ist Gott ganz und gar, und etwas von ihm birgt sein ganzes Wesen. Darum ist er in der niedrigsten Kreatur ebenso vollkommen wie in der obersten. Ein Gleichnis: Der kleinste Zapfen am Faß verschließt alles was darin ist ebenso gut wie der größte. Darum ruht sein Begreifen auf seiner väterlichen Kraft. Er begreift sich in sich selbst in allen Kreaturen. Und das Begreifen hat er verhüllt mit dem Gewande der Dunkelheit, daß ihn keine Kreatur so begreifen kann, wie er sich selbst in sich selbst begreift. Was die Seele im Licht begreift, das verliert sie in der Dunkelheit. Und doch trachtet sie nach der Dunkelheit, weil sie das Dunkel wegsamer dünkt als das Licht. Allda verliert sie sich und das Licht in der Dunkelheit.

Die Kraft, die die Seele zum Ziel bringt und sie aus sich selbst ohne ihr Zutun hinausführt, ist Gott. Ich berühre das Münster, ich führe es aber nicht hinweg. Daß wir Gott Materie, Form und Werk beilegen, geschieht um unserer groben Sinne wegen. Die Meister sagen: Ein Licht erleuchtet nicht und hat weder Form noch Materie und ist doch Kreatur. Wer Gott kennen will, wie er ist, der muß aller Wissenschaft entledigt sein. Wo Gott weder Zeit noch Wesen hat, da ist er ungenannt.

Nun paß auf, wann der Mensch alle Kreatur ist. Wenn er ihrer aller Kraft in sich hat. Wenn der Mensch mit den äußern Sinnen alle körperlichen Dinge erkennt und sich dann abscheidet und doch ohne Berührung darin bleibt und wenn er mit den innern Sinnen alle geistigen Dinge erkennt und sich dann ebenfalls abscheidet und ohne Berührung darin bleibt: Dann erst ist der Mensch alle Kreatur, und dann erst ist er zu seiner Natur gekommen und ist bereit, in Gott zu gehn. Daß wir Gott nicht finden, das kommt daher: Wir suchen ihn mit Gleichnissen, während er doch kein Gleichnis hat. Alles, was die heilige Schrift beibringen kann, ist mehr ihm ungleich als ihm gleich. Darüber sagt Origines, daß die Seele Gott erforschen will, das kommt von ihrem vielen Beobachten. Erkennte sie sich selbst, sie erkennte auch ihren Gott. Daß sich die Seele bildet und ihren Gott bildet, das kommt bei ihr davon, daß sie zu viel beobachtet. Wenn sie in die Gottheit versinkt, da geht ihr alles Beobachten verloren.

Darüber sagt Dionysius zu Timotheus: Mein Freund Timotheus, wirst du des Geistes der Wahrheit gewahr, so geh ihr nicht mit menschlichen Sinnen nach, denn er ist sehr geschwinde: er kommt als ein Sausen. Man soll Gott suchen mit Fremdheit, mit Vergessenheit und mit Unsinnen, denn die Gottheit hat die Kraft aller Dinge in sich und hat in keinen Dingen ihresgleichen. Dionysius sagt, die Seele hat ihre Kräfte auf ihr nacktes Wesen geworfen, so daß die oberste Kraft allein wirkt. Darüber sagt ein Meister: Wenn die oberste Kraft über die Werke die Oberhand gewinnt, so gehen die andern alle in sie und verlieren ihr Werk, und dann steht die Seele in ihrer richtigen Ordnung und in ihrem nackten Wesen, und ihr nacktes Wesen ist ihre emporgezogene Klarheit, die hat aller Dinge Kraft in sich. Darum sagt ein Meister: Erkennte die Seele sich selbst, so erkennte sie alle Dinge.

Gott fließt in sich selbst zurück, so daß er aller Kreaturen so wenig achtet, als er tat, wie sie nicht waren. So soll auch die Seele tun. Dies soll mit dem Menschtum die Person des Sohns begreifen und mit der Person des Sohns den Vater, und den heiligen Geist in ihnen beiden und sie beide in dem heiligen Geist und soll mit der Person des Vaters das einfache Wesen begreifen und mit dem Wesen den Abgrund und soll in dem Abgrund versinken ohne Materie und Form. Materie, Form, Verstand und Wesen hat sie in der Einheit verloren, denn sie ist an sich selbst zunichte geworden: Gott wirkt alle ihre Werke, er hält sie in seinem Wesen und führt sie in seiner Kraft in die bloße Gottheit. Da fließt sie mit der Gottheit in all das, worin Gott fließt. Sie ist aller Dinge Ort, und sie hat selbst keinen Ort. Dies ist der Geist der Weisheit, die weder Herz noch Gedanken hat.

Von der Überfahrt zur Gottheit

Wie die Sonne scheint, so sieht das Auge; dann ist das Auge in der Sonne und die Sonne im Auge. Wohlauf, mein Freund, nun merke, was ich meine, denn ich traue mich kaum, meine Meinung zu schreiben oder zu reden, weil in den Personen die göttliche Natur ein Spiegel ist, wohin nie Sprache kommt. Soweit sich die Seele über die Sprache erheben kann, soweit macht sie sich dem Spiegel gleich. In dem Spiegel sammelt sich nur Gleiches.

Als ich, Herr, in dir war, da war ich unbedürftig in meinem Nichts, und dein Angesicht, daß du mich ansahst, das machte mich bedürftig. Wenn das ein Tod ist, daß die Seele von Gott scheidet, so ist auch das ein Tod, daß sie aus Gott geflossen ist, denn jede Bewegung ist Sterben. Daher sterben wir von Zeit zu Zeit, und die Seele stirbt allsterbend in dem Wunder der Gottheit, da sie göttliche Natur nicht erfassen kann. In dem Nichts stürzt sie hinüber und wird zunichte. In diesem Nichtsein wird sie begraben, und mit Unerkenntnis wird sie vereint in den Unbekannten, und mit Ungedanken wird sie vereint in den Ungedachten, und mit Unliebe wird sie vereint in den Ungeliebten. Was der Tod erfaßt, das kann ihm niemand mehr nehmen: Er scheidet das Leben vom Körper und scheidet die Seele von Gott und wirft sie in die Gottheit und begräbt sie in ihr, so daß sie allen Kreaturen unbekannt ist. Da wird sie als Verwandelte im Grab vergessen, und sie wird unbegreiflich allen Begreifern. Wie Gott unbegreiflich ist, so unbegreiflich wird sie. So wenig man die Toten begreifen kann, die hier vom Körper sterben, so wenig kann man die Toten begreifen, die in der Gottheit tot sind. Diesen Tod sucht die Seele ewiglich. Wenn die Seele in den drei Personen getötet wird, dann verliert sie ihr Nichts und wird in die Gottheit geworfen. Da findet sie das Antlitz ihres Nichts. Darüber spricht unser Herr: »Meine Unbefleckte, du bist gar schön«, und von der Unbegreiflichkeit seiner Schönheit spricht sie: »Du bist noch schöner«. Da blickt sie in die geheimen Künste Gottes, daß Gott wunderbarerweise das Nichts bedürftig gemacht hat, und es hat ihm doch nichts geschadet. Sankt Dionysius sagt: Das ist kein Wunder, daß Gott die Seelen mit seinem Angesicht bedürftig gemacht hat, wo doch die Sonne ohne weiteres den Maden und den Würmern im faulen Holze Leben gibt. So sieht die Seele Gottes Größe an und ihre Kleinheit und wirft sich aus dem Herzen Gottes und aus allen Kreaturen und bleibt bei ihrem bloßen Nichts, und die göttliche Kraft enthält sie in ihrem Wesen. Sankt Dionysius sagt: Alle Dinge stehn nach dem Gebot Gottes auf Nichts. Und wieder sagt er: Der Blick, der aus Gott in die Seele geht, ist ein Beginn des Glaubens, daß ich glaube, was mir nie offenbart ward. So weit als sich die Seele mit dem Glauben in das unbekannte Gut versenken kann, so weit wird sie eins mit dem unbekannten Gut und wird sich selbst und allen Kreaturen unbekannt. Sie weiß wohl, daß sie ist; aber sie weiß nicht, was sie ist. Wenn sie alles das erkennt, was zu erkennen ist, erst dann kommt sie hinüber in das unbekannte Gut. Diese Überfahrt ist manchen Erkennern verborgen. Die Seele ist ihrer Natur nach dergestalt: Wo sie irgend ist, da ist sie ganz und gar, in jedem Glied ist sie ganz und gar, und das kommt daher: Wo irgend Natur ist, da ist sie ganz und gar. Darum ist die Gottheit an allen Orten und in allen Kreaturen und in jeder ganz und gar.

Die ungenaturte Natur naturt nur insoweit, als sie sich naturen läßt. Sonst naturt sie nicht, der Vater naturt seinen Sohn in der genaturten Natur, und doch ist der Vater der ungenaturten Natur so nahe wie der genaturten Natur, denn sie ist eins mit ihm. Der Vater ist in der ungenaturten Natur allein und auch der erste in der genaturten Natur. Und in der genaturten Natur ist der Sohn mit dem Vater naturend, und der Sohn naturt den heiligen Geist, und der heilige Geist ist mit dem Vater und dem Sohne in der genaturten Natur, und er naturt nicht. In der ungenaturten Natur sind sie eins, und die genaturte Natur unterscheidet die Personen, und die Personen sind so ewig in ihren Personen, wie die ungenaturte Natur in ihrer Natur ist, und die genaturte Natur ist so ewig an sich wie die ungenaturte Natur, und dies ist nichts als *ein* Gott und drei Personen, die Naturen die Kreatur, jede in ihrer Natur, und geben ihnen Kraft und Werk, wie es ihnen am besten bekommt. Eine jede Kreatur hat ihre Natur so lieb, daß sie keine andere haben wollte. Ein Meister spricht: Könnte Gott von Reue ergriffen werden, so reute ihn, daß er nicht allen Kreaturen göttliche Natur geben konnte.

Gott ist an sich selbst ein einfaches Gut und ungeteilt. Alle Namen, die die Seele Gott gibt, nimmt sie aus sich selbst. Er ist dreifaltig und doch eins und allen Kreaturen gemein, und er ist den verbrannten Geistern und denen, die im Brande erloschen und in ihm zunichte geworden sind, eine einfache Substanz.

Selig ist die Seele, die sich hinüberschwingt, um alle Dinge in der bloßen Gottheit zu empfangen. Die Seele soll begraben werden im Angesichte Gottes, sie soll in den Himmel gezogen werden, wo die drei Personen in der Einheit ihrer Natur darin wohnen. Das ist die verborgene Gottheit, über die man nicht sprechen kann. Selig sind, die die Überfahrt machen: Denen werden alle Dinge, die doch allen Kreaturen unbekannt sind, in der Wahrheit bekannt.

Die Kreatur hat einen Eingang in Gott, woran ihr Wesen liegt, und sie wirkt in der Kraft, die sie bewegt, von Nichts zu Etwas zu kommen. Nun sagt Sankt Paulus und auch Sankt Augustin: »Wie ist mir geschehen, daß ich von Nichts zu Etwas geworden bin, und von einem Wurme Gott und von einer Kreatur Schöpfer?« Die Seele soll so in Gott vereint sein, daß es ihr vorkommt, es sei nichts mehr als Gott allein, und Gott schaffe nie mehr eine Kreatur als sie allein. Die Seele, die diese Überfahrt tut, die kommt in eine Ruhe aller Dinge. Sie ist Gott, wie er an sich selbst ist. Darüber spricht Christus selbst: »Ich bin euch Mensch gewesen, und wenn ihr mir nicht Gott seid, so tut ihr mir unrecht.« Gott ist Mensch geworden, damit wir Gott werden. Gott war mit göttlicher Natur in der menschlichen Natur verborgen, so daß man da nichts erkannte als einen Menschen. So soll sich die Seele in göttlicher Natur verbergen, so daß man an ihr nur Gott erkennen kann. Gott ist nicht Natur, wie die Kreatur ist, die das an sich hat, was eine andere nicht hat. Wer ein Bäcker und auch ein Brauer wäre, von dem könnte man nicht sagen, er sei allein ein Brauer, weil er auch ein Bäcker wäre. So ist Gott *aller* Naturen Natur, weil er aller Naturen Natur unzerstückt in sich hat. Er ist Licht aller Lichter, er ist Leben der Lebenden, er ist Wesen der Wesenden, er ist Sprache der Sprechenden. Darum ist er aller Naturen Natur. Darüber sagt Sankt Dionysius: Er kann deshalb nicht eine Natur heißen, weil er einfach ist und nichts seinesgleichen ist. Und ferner sagt er: Man kann Gott nur mit Unerkenntnis erkennen. Wenn Gott in die Seele kommt, so kommt er mit allen Dingen in sie. Allein wenn Gott die Dinge einfach in sich hat, so hat sie die Seele doch sprachlich mit Unterscheidung; Teufel und Engel und alle Dinge.

So hat die Seele das Vermögen, alle Dinge in Gott zu empfangen, und sie erkennt, was Gott in ihnen ist und was sie in Gott sind, und sie schwingt sich auf in die Einfachheit über alle Dinge in die Unerkenntnis. Darüber sagt Sankt Dionysius, das sei Herrschaft, daß man über niedere Dinge hinwegsteige und über die, die daneben sind, und sie in die höchsten bringe. Darüber spricht Christus: »Die mir folgen, die will ich dahin bringen, wo ich bin.« Der Vater spricht sich in dem Sohn in die Seele. Denn der Sohn, das Wort, ist des Vaters, so offenbart der Vater sich der Seele in dem Worte, weil er in seiner göttlichen Natur keine Gestaltung hat. Und ebenso spricht sich die Seele in demselben Worte in den Vater zurück, weil sie keine Gestaltung hat in ihrem Nichts, darum läßt sie ihr Etwas im

Worte und wirft sich ungestaltet in den Ungestalteten. Die Gottheit ist ein nacktes, einfaches Ding, das aller Dinge Kraft in sich hat über den Personen, und sie kann sich niemandem hingeben und niemand kann sie völlig so empfangen, daß sie allein in ihm bestehe. Darüber sagt Sankt Dionysius: Die Gottheit hat alle Dinge. Darum sind die drei Personen in der Gottheit, die die Gottheit offenbaren, jede von ihnen der andern und der Kreatur insoweit, als sie davon empfangen kann. Der Vater offenbart sich die Gottheit selbst und offenbart sie seinem Sohn, und der Vater und der Sohn offenbaren sie dem heiligen Geist, und die drei Personen offenbaren sie den Kreaturen, und die Gottheit spielt mit der Sprache und vor der Sprache und über der Sprache, und die Sprache kann sie nicht erfassen. Und wären nicht die drei Personen mit ihrer Unterschiedenheit in der Gottheit, so wäre die Gottheit nie offenbart worden und sie hätte nie Kreaturen geschaffen. Darum sind die ewigen Werke eine Ursache der Kreatur. Die Offenbarung nimmt die Gottheit von den Dingen, die niedriger sind als sie. Die allergrößte Vollkommenheit an den Kreaturen ist mangelhaft. So geschieht es manchmal, daß der Mond sich vor die Sonne stellt und den Sonnenschein ganz und gar empfängt; man sagt dann, die Sonne sei verschwunden. So ist ein Stern, der wirft seine Kraft in den Mond und entzieht ihn der Sonne; die Sonne nimmt dann von den Dingen, die unter ihr sind, ihr Licht.

Wenn so die Seele in das reine Wesen der Gottheit kommt, so erkennt sie alle Dinge bis auf die niedrigsten Kreaturen; so leuchtet sie sich selbst und alle

Dinge in ihr und erkennt in der Gottheit göttliche Natur, und in dem Unterschied der Personen verliert sie ihren Namen, und die drei Personen verlieren ihren Namen in der Einheit, und alles was die Einheit umfassen kann, verliert seinen Namen darin. Dann sinkt die Seele nichtswärts dahin, und alles soll dem Nichts der Gottheit sich nähern, und die Kräfte sollen mitkommen. Darüber sagt Sankt Dionysius: Die Gottheit ist zunichte geworden. Damit meint er, daß die Seele mit ihrem nackten Wesen den Kräften entgangen ist. Dann haben die Kräfte die Gottheit verloren und auch ihr bloßes Wesen der Gottheit in den Personen und in den Kräften, und die Kräfte haben ein Nachfolgen in das Wesen, und sie widerstehen dem Sträuben der Dreieinigkeit. Da verliert die Liebe ihren Namen und alle Dinge im Nichts der Gottheit, da ist die Seele in ihr Etwas hineingeflossen. Im Nichts der Gottheit hat der Vater seine Vollkommenheit und die drei Personen ihre Einheit, und sie geben allen Kreaturen ihre Vollkommenheit in ihr geschaffenes Etwas, und die Seele fließt in ihrem Etwas im Nichts der Gottheit durch alle Dinge, und sie berührt sie doch nicht im Etwas ihres Wesens. Darüber sagt Sankt Dionysius, daß die Seele nicht berührt werde an ihrem Nichts im Nichts der Gottheit und daß die Seele auch die Gottheit nicht an ihrem Nichts berühre. Da ist sie so groß, . . . daß sie gleich ihm in einem Lichte fließt. Darüber sagt Sankt Dionysius: Die Gottheit ist zunichte geworden, weil die Kräfte der Seele sie nicht erfassen können.

Vom Zorn der Seele

Die liebende Seele wird zornig von ihrer Selbsterkenntnis. Sie hat ein Antlitz empfangen gar kräftiglich und ist rot und zornig wegen dessen, was über ihr geblieben ist, das unerreichbar in Gott zurückbleibt, daß sie alles das nicht ist, was Gott von Natur ist, und daß sie alles das nicht hat, was Gott von Natur hat.

Nun sagen die Meister, das sei auch ein arger Zorn, wenn ein Freund seinen Freund selbst und alles, was er hat, besitzen will. Die Seele sagt, ihr Zorn sei so grenzenlos, daß er sich nicht mit ihr versöhnen könne. Das Band der Liebe ist ihr allzu stark. Sie spricht: Ach, wer kann mich trösten? Mein Unglück ist gar zu groß! Wäre ich Schöpfer einfach ohne Anfang und ohne Ende und hätte ich die Kreaturen geschaffen und wäre er Seele, wie ich bin, so wollte ich aus all diesem Wesen herausgehn und wollte sie hereingehn lassen, um Gott zu sein, und ich wollte Kreatur werden; und würde das Gott stören, daß er sein Wesen von mir hätte, so wollte ich, daß er mich vertilge, und wollte lieber zunichte werden, damit er nur nicht von mir gestört würde. Wenn aber das so ist wie jetzt, daß alles, was geschaffen ist, ein bißchen ewiges Wesen in menschlicher Natur hat und darin ewig stehenbleiben muß, so weiß ich nicht, wohin ich mich wenden soll, um einen Platz zu finden. Deshalb neige ich mich zurück in mich selbst, da finde ich den schlechtesten Platz, noch schnöder als die Hölle, denn meine Mängel treiben mich selbst hinaus. Aber ich will mich doch nicht aufgeben. Hierher will ich mich setzen, und hier innen will ich wohnen, und ich begehre, Herr, daß du niemals mehr an mich denkst und allen Kreaturen verbietest, sie sollen mich nimmer trösten, und allen meinen Kräften verbietest, es soll keine mehr vor dein Antlitz kommen, damit ich dich nicht störe.

Der dritte Zorn der Seele ist darüber, daß sie Gott sein wollte, und darüber, daß nirgends eine Kreatur sei, wie Gott in seiner Ewigkeit war, bevor er Kreaturen erschuf, wodurch sie die göttliche Natur in der Einheit genießen könnte, wie er damals tat. Doch so sei ihm seine Liebe abhanden gekommen, denn es ist guten Dinges Art, daß er sich mitteilt.

Der vierte Zorn ist, daß sie das reine Wesen rein sein wollte und daß es also weder Gott noch Kreatur geben solle. Sie fragt, was denn die drei Personen in der Gottheit sollten und was die Kreaturen alle sollten.

[Doch sagt sie, es könnte keine Kreatur ohne ihr Werk sein. Darum müßten die drei Personen in der Gottheit sein, und sie sind Ursache der Kreaturen. Gott hat Gott erhoben: Die Kreaturen, die er geschaffen hat, könnten ihn nicht erheben. Alles was die Kreaturen Gott tun, gehört ihnen selbst: Das Lob, das sie Gott geben können, ist ihr eigenes.]

Fragmente und Sprüche

Fragmente

1. Alle Kreaturen sind ein Fußstapfen Gottes.

2. Gott ist nicht ein Zerstörer der Natur, er vollbringt sie vielmehr.

3. Der Mensch kann nicht wissen, was Gott ist. Etwas weiß er wohl: was Gott nicht ist.

4. So gewaltig liebt Gott meine Seele, daß sein Wesen und sein Leben daran liegt, daß er mich lieben muß, es sei ihm lieb oder leid. Wer Gott das nähme, daß er mich liebt, der nähme ihm seine Gottheit.

5. Wer Gott seinen Willen gänzlich gibt, der fängt und bindet Gott, daß Gott nichts kann, als was der Mensch will.

6. Erkenntnis kommt von Vergleichen. Weil also die Seele eine Möglichkeit hat, alle Dinge zu erkennen, darum ruht sie nimmer, bis sie in das erste Bild kommt, wo alle Dinge eins sind, und da ruht sie, das ist in Gott. In Gott ist keine Kreatur von anderm Rang als die andre. Die Meister sagen: Wesen und Erkenntnis sind ein und dasselbe.

7. Gott ist nirgends. Gottes Geringstes, dessen ist alle Kreatur voll, und ein Größtes ist nirgends.

8. Wäre nicht Gott in allen Dingen, die Natur wirkte oder begehrte in keinem Dinge etwas; denn es sei dir lieb oder leid, magst du es wissen oder nicht: Die Natur in ihrem Innigsten sucht und meint Gott. Nie würde ein Mensch, der Durst hat, so sehr nach etwas zu trinken begehren, wenn nicht etwas von Gott darin wäre. Die Natur meinte weder Essen noch Trinken, noch Kleider, noch Bequemlichkeit, noch sonst etwas, wenn nicht Gott darin wäre, und sie jagt und bohrt immer mehr danach, Gott darin zu finden.

9. Verginge das Bild, das nach Gott gebildet ist, so verginge auch das Bild Gottes.

10. Die Vernunft ist eindringend, sie begnügt sich nicht mit Güte oder Weisheit oder Wahrheit und auch nicht mit Gott selbst. Es ist gute Wahrheit: Sie begnügt sich so wenig mit Gott wie mit einem Stein oder einem Baum.

11. So wahr das ist, daß Gott Mensch geworden ist, so wahr ist der Mensch Gott geworden.

12. Das ist Gottes Natur, daß er ohne Natur ist.

13. Gott kann, was er will, darum hat er dich sich selbst völlig gleich gemacht und dich zu einem Bild seiner selbst gemacht. Aber »ihm gleich«, das klingt wie etwas Fremdes und etwas Entferntes; darum ist die Seele Gott nicht gleich, sie ist ganz und gar das Gleiche wie er und dasselbe, was er ist.

Ich weiß und kann nicht weiter, damit sei diese Rede zu Ende.

14. Wenn ich Gott nicht zwinge, daß er alles tut, was ich will, dann gebricht es mir entweder an Demut oder an Sehnsucht.

15. Wo sieht man Gott? Wo nicht Gestern noch Morgen ist, wo ein Heute ist und ein Jetzt, da sieht man Gott. Was ist Gott? Ein Meister spricht: Wenn das notwendig sein muß, daß ich von Gott rede, so sage ich, daß Gottes etwas ist, was kein Sinn begreifen oder erlangen kann: sonst weiß ich nichts von ihm. Ein anderer Meister sagt: Wer das von Gott erkennt, daß er unbekannt ist, der erkennt Gott. Wenn ich in Paris predige, so sage ich und darf es wohl sagen: Alle hier in Paris können mit all ihrer Wissenschaft nicht begreifen, was Gott in der geringsten Kreatur, auch nur in einer Mücke, ist. Aber ich sage jetzt: Die ganze Welt kann es nicht begreifen. Alles was man von Gott denken kann, das ist Gott ganz und gar nicht. Was Gott an sich selbst ist, dazu kann niemand kommen, der nicht in ein Licht entrückt wird, das Gott selbst ist. Was Gott den Engeln ist, das ist gar fern, und niemand weiß es. Was Gott in einer gottliebenden Seele ist, das weiß niemand als die Seele, in der er ist. Was Gott in diesen niedern Dingen ist, das weiß ich ein wenig, aber sehr schwach. Wo Gott in der Erkenntnis wohnt, da fällt alle natürliche Sinnlichkeit ab. Daß wir so in ein Licht entrückt werden, das Gott selber ist, um darin in Ewigkeit selig zu sein, das walte Gott, Amen.

16. Das Wort, das Augustin spricht: Was der Mensch liebt, das ist der Mensch, ist folgendermaßen zu verstehen: Liebt er einen Stein, so ist er ein Stein, liebt er einen Menschen, so ist er ein Mensch, liebt er Gott – nun traue ich mich nicht weiter zu sprechen, denn sage ich, daß er dann Gott ist, so könntet ihr mich steinigen wollen.

17. Den gerechten Menschen ist es so ernst mit der Gerechtigkeit, daß sie, gesetzt den Fall, Gott wäre nicht gerecht, nicht eine Bohne sich um Gott kümmerten.

18. Alle Liebe dieser Welt ist auf Eigenliebe gebaut. Hättest du die gelassen, so hättest du alle Welt gelassen.

19. Ich überlegte mir neulich, ob ich von Gott etwas nehmen oder begehren sollte. Ich will mich gar sehr besinnen, denn wenn ich von Gott etwas nähme, so wäre ich unter Gott wie ein Knecht unter seinem Herrn durch das Geben. Aber so sollen wir nicht sein im ewigen Leben.

20. Einige einfältige Leute glauben, sie sollten Gott sehen, als stünde er da und sie hier. Dem ist nicht so. Gott und ich, wir sind im Erkennen eins. Nehme ich daher Gott in Liebe in mich, so gehe ich in Gott ein. Wir sollen ihn Erkennende sein, ich ihn wie er mich, nicht minder noch mehr, sondern einfach gleich.

21. Die Liebe nimmt Gott selbst, wie er Gott ist; und diesem Namen entfiel Gott. Güte, Liebe kommt nie-

mals vorwärts. Liebe nimmt Gott unter einem Fell, unter einem Kleid. Das tut nicht der Verstand: Der Verstand nimmt Gott, wie er in ihm bekannt ist; da kann er ihn niemals begreifen im Meer seiner Grundlosigkeit.

22. Ein Meister, der aufs allerbeste von der Seele gesprochen hat, sagt, daß alle menschliche Wissenschaft niemals dahinterkommt, was die Seele sei. Da gehört übernatürliche Wissenschaft dazu. Es gehen die Kräfte von der Seele in die Werke hinaus. Davon wissen wir nichts, wir wissen wohl ein wenig davon, aber was die Seele im Grunde sei, davon weiß niemand etwas.

23. Eine Kraft ist in der Seele, der sind alle Dinge gleich süß; ja, das allerböseste und das allerbeste, das ist alles gleich für diese Kraft, sie nimmt alle Dinge über hier und über jetzt. Jetzt, das ist die Zeit, und hier ist der Raum.

24. Ich überlegte mir einst (es ist noch nicht lange her); daß ich ein Mensch bin, das ist auch einem andern Menschen mit mir gemein; daß ich sehe und höre und esse und trinke, das tut auch ein anderes Tier; aber daß ich bin, das ist keines Menschen sonst als allein mein, weder eines Menschen noch eines Engels noch Gottes, außer sofern ich eins mit ihm bin. Alles, was Gott wirkt, das wirkt er in dem Einen sich selbst gleich, und doch ist es in den Werken einander gar ungleich.

25. Wer in der Zeit sein Herz auf die Ewigkeit gestellt hat und in wem alle zeitlichen Dinge tot sind, da ist

Vollendung der Zeit. Ich sprach einst: Die freuen sich nicht allezeit, die sich freuen in der Zeit. Sankt Paulus spricht: »Freuet euch in Gott allezeit.« Der freuet sich allezeit, der sich da freut *über* Zeit und ohne Zeit. Drei Dinge hindern den Menschen, so daß er Gott in keiner Weise erkennen kann. Das erste ist Zeit, das zweite Körperlichkeit, das dritte Mannigfaltigkeit. Solange diese drei in mir sind, ist Gott nicht in mir und wirkt nicht eigenhaft in mir. Sankt Augustin sagt: Es kommt von dem Geiz der Seele, daß sie viel begreifen und haben will, und sie greift in Zeit, in Körperlichkeit und in Mannigfaltigkeit und verliert damit eben das, was sie hat. Denn solange mehr und mehr in dir ist, kann Gott in dir niemals wohnen oder wirken. Diese Dinge müssen immer hinaus, wenn Gott hinein soll, es sei denn, du hättest sie in einer höheren und besseren Weise, daß aus Menge eins geworden wäre. Je mehr dann Mannigfaltigkeit in dir ist, um so mehr Einheit, denn das eine ist in das andere verwandelt. Ich sprach einst: Einheit eint alle Mannigfaltigkeit, aber Mannigfaltigkeit eint nicht Einheit. So wir überhoben werden über alle Dinge und alles, was in uns ist, aufgehoben wird, so bedrückt uns nichts. Wäre ich rein gottmeinend, daß nichts über mir wäre als Gott, so wäre mir gar nichts schwer, und ich würde nicht gar so bald betrübt.

26. Im Grunde der Seele ist die Kraft, die in den Augen wirkt, ebenso hoch im Rang wie der Verstand, und da ist der Fuß und das Auge gleich edel. Was die Seele in ihrem Grunde sei, das ward noch nie gefunden.

27. Die Meister sagen, daß die menschliche Natur mit der Zeit nichts zu tun habe und daß sie ganz und gar unberührbar sei und dem Menschen viel inniger und näher sei als er sich selbst. Und darum nahm Gott menschliche Natur an und eignete sie seiner Person. Da ward menschliche Natur zu Gott, weil er bloß menschliche Natur und keinen Menschen annahm. Willst du also selber Christus sein und Gott sein, so geh von alldem ab, was das ewige Wort sich nicht angenommen hat. Das ewige Wort nahm keinen Menschen an sich: Darum geh ab von dem, was Mensch an dir ist und was du bist, und benimm dich bloß nach menschlicher Natur, so bist du dasselbe an dem ewigen Worte, was menschliche Natur an ihm ist. Denn deine menschliche Natur und seine hat keinen Unterschied: sie ist eins; denn was sie in Christus ist, das ist sie in dir.

28. Kein Ding ist Gott so sehr entgegengesetzt wie die Zeit.

29. »Er hatte keinen Namen.« So ist die Dreifaltigkeit der Gottheit ohne Namen; denn alle die Namen, die ihm die Seele gibt, die nimmt sie aus ihrem Verstande. Darüber sagt ein heidnischer Meister in dem Buche, das »Licht der Lichter« heißt: Gott ist überwesenhaft und übersprachlich und unverstandsam in bezug auf das, was natürliches Verstehen ist.

30. Ein Meister sagt: Eins ist ein untersagendes Aussagen. Sage ich: Gott ist gut, da wird etwas beigelegt. Eins ist ein untersagendes Aussagen und ein wehrendes

Begehren. Was meint Eins? Etwas, dem nichts beigelegt wird. Die Seele nimmt die Gottheit, wie sie in ihr geläutert ist, wo nichts beigelegt wird, wo nichts gedacht wird. Eins ist Untersagen des Aussagens. Alle Kreaturen haben irgendein Untersagen in sich; die eine sagt aus, daß es die andre nicht sei; ein Engel sagt aus, daß er nicht eine andere Kreatur sei. Aber Gott hat ein Untersagen alles Aussagens, er ist Eins und untersagt alles andere; denn nichts ist außer Gott. Alle Kreaturen sind in Gott und sind die Gottheit seiner selbst und wollen ihn ausfüllen. Er ist ein Vater aller Gottheit. Darum eine Gottheit, weil nichts ausfließt und nirgends etwas daran rührt und kein Wort gedacht wird. Damit, daß ich von Gott etwas aussage (sage ich von Gott Güte aus, so kann ich Gott nicht aussagen), damit daß ich von Gott etwas aussage, verstehe ich etwas unter ihm, was er nicht ist; eben das muß hinab. Gott ist Eins, er ist ein Untersagen des Aussagens.

31. Eine Ursache, warum es meiner unwürdig und mir zuwieder wäre, Gott darum zu bitten, er möge mich gesund machen, daß ich den reichen liebevollen freigebigen Gott nicht um eine solche Kleinigkeit bitten will und soll. Gesetzt, ich reiste hundert oder zweihundert Meilen zum Papste, und wenn ich vor ihm käme, spräche ich: »O Herr und heiliger Vater, ich bin mit großen Kosten auf beschwerlichen Wegen zweihundert Meilen gereist und bin hierher gekommen, um euch zu bitten, mir eine Bohne zu schenken«, wahrlich, er selbst und jeder, der das hörte, sagte mit Recht, daß ich ein großer Narr wäre. Nun ist das eine sichere

Wahrheit, daß alles Gut, ja alle Kreatur gegen Gott weniger als eine Bohne ist. Darum verschmähte ich es mit Recht, wenn ich ein weiser und guter Mensch wäre, darum zu bitten, gesund zu werden.

32. Seneca, ein heidnischer Meister, spricht: Von großen und hohen Dingen soll man mit großen und hohen Sinnen sprechen und mit erhobener Seele. Auch soll man sagen, daß man solche Lehre nicht für Ungelehrte spreche oder schreibe. Dazu sage ich: Wenn man ungelehrte Leute nicht lehrt, so wird niemals jemand gelehrt, so kann niemand lehren noch leben noch sterben; denn darum lehrt man die Ungelehrten, daß sie aus Ungelehrten gelehrt werden. Wäre nichts Neues, so würde nichts Altes.

33. Dem gemäß, daß die Gottheit in allen Dingen ist, ist sie die Seele aller Seelen. Die Gottheit ist die Seele der Kreatur.

34. Sankt Dionysius sagt: In Gott begraben werden ist nichts anderes als eine Überfahrt in das ungeschaffene Leben. Die Kraft, in der die Verwandlungen der Seele vor sich gehen, ist ihre Materie, und diese Kraft erkennt die Seele niemals bis auf den Grund, denn es ist Gott, und Gott verwandelt sich nicht: Die Seele treibt ihre Verwandlungen in seiner Kraft. Darüber sagt Sankt Dionysius: Gott ist ein Beweger der Seele. Darum ist die Form eine Offenbarung des Wesens. Darüber sagt Sankt Dionysius, Form sei das Etwas des Wesens. Materie ohne Form gibt es nicht. Darum ruht

die Seele nimmer, bis sie in Gott kommt, der ihre erste Form ist. Da vereinigt sich die Seele mit Gott, wie die Speise mit dem Menschen: sie wird Auge in den Augen und Ohr in den Ohren. So wird die Seele Gott in Gott: Mit jeder göttlichen Kraft vereinigt sie sich so, wie die Kraft in Gott ist, und Gott vereinigt sich in der Seele so, wie jede Kraft in der Seele ist, und die zwei Naturen fließen in einem Licht, und die Seele wird allwesend zunichte. Was sie ist, das ist sie in Gott. Die göttlichen Kräfte ziehen sie in sich, ohne hinzusehen, wie die Sonne alle Kreaturen anzieht, ohne hinzusehen.

Was Gott für sich selbst ist, das kann niemand begreifen. Gott ist für sich selbst in allen Dingen, Gott ist alle Dinge in allen Dingen, und Gott ist jedem Dinge allzumal alle Dinge. So soll die Seele sein. Gott ist keinem Dinge völlig nichts, Gott ist für sich selbst nicht völlig nichts, Gott ist nichts, was man in Worte fassen kann. Hierüber sagt Sankt Dionysius, daß Gott für sich selbst alle Dinge sei, das heißt, daß er die Bilder aller Dinge trägt. Da trägt er sich in ein Nichts: da sind alle Dinge Gott. Als wir nicht waren, da war Gott Hölle und Himmelreich und alle Dinge.

35. Wir wollen allen Dingen Geist sein, und alle Dinge sollen uns Geist sein im Geiste. Wir sollen alle Dinge erkennen und uns mit allen Dingen gotten.

36. So unmöglich es ist, daß Gott das Wesen verliert, das er ist, so unmöglich ist es, daß Gott sein ewiges Wort in Bildern oder in Lauten aussprechen kann.

37. Die göttlich Armen haben sich nicht allein von sich selbst befreit, sondern sie haben sich auch von Gott befreit und sind so sehr frei von ihm, daß er keinen Platz in ihnen findet, wo er wirken könnte. Denn fände er einen Platz, worin er wirkte, so wäre der Platz eines und er ein anderes. Diese Menschen haben keinen Platz, und sie sind von aller zufälligen Form ganz und gar frei und bloß. Hier sind alle Menschen *ein* Mensch, und eben dieser Mensch ist Christus. Davon sagt ein Meister, daß das Erdreich dieser Menschen nie entledigt ward und nie entledigt werden wird, denn der Mensch schließt Himmel und Erde in sich. Wäre der Mensch nicht, so wären sie auch beide nicht.

38. Alle Kreaturen jagen Gott mit ihrer Liebe, denn es ist kein Mensch so unselig, daß er aus Bosheit sündigte; sondern er tut es um seiner Lustgier willen. Es schlägt einer einen tot; das tut er nicht, um etwas Böses zu tun, sondern es dünkt ihn, er selbst käme, solange jener lebt, nimmer in sich selbst zum Frieden; darum will er in Frieden Lust suchen, denn Friede bringt Freude. So jagt alle Kreatur Gott mit ihrer Liebe, denn Gott ist die Liebe. So begehren alle Kreaturen der Liebe. Wäre ein Stein vernünftig, er müßte Gott mit seiner Liebe jagen. Wer einen Baum fragt, warum er seine Frucht trägt, wenn er Vernunft hätte, spräche er: daß ich mich in der Frucht erneuere, das tue ich, um mich von neuem meinem Ursprung zu nähern; denn dem Ursprung nahe sein, das ist lustvoll. Gott ist der Ursprung und ist Lust und Liebe.

39. Gott ist überall in der Seele, und sie ist in ihm überall; also ist Gott ein All, und sie mit ihm ein Alles in Allem.

Sprüche

1. Meister Eckhart spricht: Wer in allen Räumen zu Hause ist, der ist Gottes würdig, und wer in allen Zeiten eins bleibt, dem ist Gott gegenwärtig, und in wem alle Kreaturen zum Schweigen gekommen sind, in dem gebiert Gott seinen eingeborenen Sohn.

2. Es spricht Meister Eckhart: Nötiger wäre ein Lebemeister als tausend Lesemeister; aber lesen und leben ohne Gott, dazu kann niemand kommen. Wollte ich einen Meister von der Schrift suchen, den suchte ich in Paris und in den hohen Schulen hoher Wissenschaft. Aber wollte ich nach vollkommenem Leben fragen, davon könnte er mir nichts sagen. Wohin sollte ich dafür gehen? Allzumal nirgends anders als in eine nackte entledigte Natur: die könnte mir kundtun, wonach ich sie in Ehrfurcht fragte. Leute, was sucht ihr an dem toten Gebein? Warum sucht ihr nicht das lebendige Heil, das euch ewiges Leben geben kann? Denn der Tote hat weder zu geben noch zu nehmen. Und sollte ein Engel Gott ohne Gott suchen, so suchte er ihn nirgends anders als in einer entledigten nackten abgeschiedenen Kreatur. Alle Vollkommenheit liegt daran, daß man Armut und Elend und Schmach und Widerwärtigkeit und alles, was dir zustoßen und dich bedrücken kann, willig, fröhlich, frei, begierig und bereit und unbewegt leiden kann und bis an den Tod dabei bleiben ohne alles Warum.

3. Meister Eckhart sprach: Wem in einem anders ist als im andern und wem Gott lieber in einem als im andern ist, der Mensch ist gewöhnlich und noch fern und ein Kind. Aber wem Gott gleich ist in allen Dingen, der ist zum Mann geworden. Aber wem alle Kreaturen überflüssig und fremd sind, der ist zum Rechten gekommen.

Er ward auch gefragt: Wenn der Mensch aus sich selbst herausgehen wollte, ob er noch um etwas Natürliches sorgen sollte? Da sprach er: Gottes Bürde ist leicht, und sein Joch ist sanft; er will es nirgends als im Willen; und was dem trägen Menschen ein Graus ist, das ist dem hingerissenen eine Herzensfreude. Es ist niemand Gottes voll, als wer im Grunde tot ist.

4. Gott verhängt kein Ding über uns, womit er uns nicht zu sich lockt. Ich will Gott niemals dafür danken, daß er mich liebt, denn er kann es nicht lassen, seine Natur zwingt ihn dazu; ich will dafür danken, daß er es in seiner Güte nicht lassen kann, daß er mich lieben muß.

5. Meister Eckhard sprach: Ich will Gott niemals bitten, daß er sich mir hingeben soll; ich will ihn bitten, daß er mich leer und rein mache. Denn wäre ich leer und rein, so müßte Gott aus seiner eigenen Natur sich mir hingeben und in mir beschlossen sein.

6. Meister Eckhart spricht: Daß wir Gott nicht zwingen, wozu wir wollen, das liegt daran, daß uns zwei Dinge fehlen: Demut vom Grund des Herzens und

kräftiges Begehren. Ich sage das bei meinem Leben, – Gott vermag in seiner göttlichen Kraft alle Dinge, aber das vermag er nicht, daß er dem Menschen, der diese zwei Dinge in sich hat, nicht Gewährung schenke. Darum gebt euch nicht mit kleinen Dingen ab, denn ihr seid nicht zu Kleinem geschaffen; denn weltliche Ehre ist nichts als eine Verwandlung und ein Irrsal der Seligkeit.

7. Meister Eckhart der Prediger sprach auch also: Es ward nie größere Mannhaftigkeit noch Streit noch Kampf, als wenn einer sich selbst vergißt und verleugnet.

8. Bruder Eckhart predigte und sprach: Sankt Peter sprach: Ich habe alle Dinge gelassen. Da sprach Sankt Jakob: Wir haben alle Dinge weggegeben. Da sprach Sankt Johannes: Wir haben gar nichts mehr. Da sprach Bruder Eckhart: Wann hat man alle Dinge gelassen? So man alles das läßt, was der Sinn greifen kann, und alles, was man sprechen kann, und alles, was Farbe machen kann, und alles, was man hören kann, dann erst hat man alle Dinge gelassen. Wenn man so alle Dinge läßt, so wird man von der Gottheit durchklärt und überklärt.

9. Wer werden will, was er sein sollte, der muß lassen, was er jetzt ist. Als Gott die Engel schuf, da war der erste Blick, den sie taten, daß sie des Vaters Wesen sahen und wie der Sohn aus dem Herzen des Vaters herauswuchs recht wie ein grünes Reis aus einem Baume.

Diese freudenreiche Anschauung haben sie mehr als sechstausend Jahre gehabt, und wie sie ist, das wissen sie heutigen Tages nicht mehr als damals, wie sie eben geschaffen waren. Und das kommt von der Größe der Erkenntnis: denn je mehr man erkennt, desto weniger versteht man.

10. Und also soll ein Mensch sein Leben richten, der vollkommen werden will. Darüber spricht Meister Eckhart: Die Werke, die der Mensch von innen wirkt, sind lustvoll, sowohl dem Menschen wie Gott, und sind sanft und heißen lebendige Werke. Sie sind Gott deswegen wert, weil er es allein ist, der die Werke in dem Menschen wirkt, die von innen gewirkt werden. Diese Werke sind auch dem Menschen süß und sanft, denn alle die Werke sind dem Menschen süß und lustvoll, wo Leib und Seele miteinander einhellig werden. Und das geschieht in allen solchen Werken. Diese Werke heißen auch lebendige Werke, denn das ist der Unterschied zwischen einem toten Tier und einem lebenden Tier, daß das tote Tier nur von einer äußern Bewegung bewegt werden kann, das heißt: Wenn man es zieht oder trägt, und darum sind alle seine Werke tote Werke. Aber das lebende Tier bewegt sich selbst, wohin es will, denn seine Bewegung geht von innen aus, und alle seine Werke sind lebende Werke. Recht in gleicher Weise heißen alle Werke der Menschen, die ihren Ursprung von innen nehmen, wo Gott allein bewegt, und die von dem Wesen kommen, unsere Werke und göttliche Werke und nützliche Werke. Aber alle die Werke, die aus einer äußeren Ursache und nicht aus

dem innern Wesen geschehen, die sind tot und sind nicht göttliche Werke und sind nicht unsere Werke. Auch spricht Meister Eckhart, daß alle die Werke, die der Mensch von innen wirkt, willkürliche Werke sind. Was nun willkürlich ist, das ist angenehm, und darum sind alle Werke, die von innen geschehen, angenehm, und alle die Werke, die infolge äußerer Bewegung geschehen, sind unwillkürlich und sind knechtisch, denn wäre das Ding nicht, das von außen bewegt, so geschähe das Werk nicht, und darum ist es unwillkürlich und knechtisch und unangenehm.

11. Meister Eckhart sprach, es könne kein Mensch in diesem Leben so weit kommen, daß er nicht auch äußere Werke tun solle. Denn wenn der Mensch sich dem beschaulichen Leben hingibt, so kann er vor großer Fülle sich nicht halten, er muß ausgießen und muß im wirkenden Leben tätig sein. Gerade wie ein Mensch, der gar nichts hat, der kann wohl mild sein, denn er gibt mit dem Willen; jedoch, wenn ein Mensch großen Reichtum hat und nichts gibt, der kann nicht mild heißen. Und ebenso kann kein Mensch eine Tugend haben, der sich nicht dieser Tugend hingibt, wenn es Zeit und Raum erlaubt. Und darum sind alle die, die sich dem beschaulichen Leben hingeben und nicht äußeren Werken und sich ganz und gar von äußerem Werk abschließen, im Irrtum und nicht auf dem rechten Weg. Da sage ich, der Mensch, der im beschaulichen Leben ist, kann wohl und soll sich von allen äußern Werken freimachen, solange er im Schauen ist; aber hernach soll er sich äußern Werken widmen, denn niemand

kann sich allezeit und fortwährend dem beschaulichen Leben hingeben, und das wirkende Leben wird ein Aufenthalt des schauenden Lebens.

12. Meister Eckhart und auch andere Meister sagen, daß zwei Dinge in Gott sind: Wesen und Wahrnehmen, das da relatio heißt. Nun sagen die Meister, daß des Vaters Wesen den Sohn nicht in der Gottheit gebiert, denn nach seinem Wesen sieht der Vater nichts anderes als in sein bloßes Wesen und schaut sich selber darinnen mit all seiner Kraft, und da schaut er sich bloß ohne den Sohn und ohne den heiligen Geist und sieht da nichts als Einheit seines nämlichen Wesen. Wenn aber der Vater ein Anschauen und ein Wahrnehmen seiner selbst in einer andern Personen haben will, so ist des Vaters Wesen in dem Wahrnehmen den Sohn gebärend, und weil er sich selbst in dem Wahrnehmen so wohlgefällt und ihm das Anschauen so lustvoll ist und weil er alle Lust ewig gehabt hat, darum muß er dieses Wahrnehmen ewig gehabt haben. Darum also ist der Sohn ewig wie der Vater, und aus dem Wohlgefallen und der Liebe, die Vater und Sohn miteinander haben, hat der heilige Geist seinen Ursprung, und weil diese Liebe zwischen Vater und Sohn ewig gewesen ist, darum ist der heilige Geist ebenso ewig wie der Vater und der Sohn, und die drei Personen haben nur *ein* Wesen und sind allein an den Personen unterschieden.

13. Meister Eckhart spricht, Gott ist nicht allein ein Vater aller Dinge, er ist vielmehr auch eine Mutter aller Dinge. Denn er ist darum ein Vater, weil er eine Ursa-

che und ein Schöpfer aller Dinge ist. Er ist aber auch eine Mutter aller Dinge, denn wenn die Kreatur von ihm ihr Wesen nimmt, so bleibt er bei der Kreatur und erhält sie in ihrem Wesen. Denn bliebe Gott nicht bei und in der Kreatur, wenn sie in ihr Wesen kommt, so müßte sie notwendig bald von ihrem Wesen abfallen. Denn was aus Gott fällt, das fällt von seinem Wesen in eine Nichtheit. Es ist mit andern Ursachen nicht so, denn die gehen wohl von ihren verursachten Dingen weg, wenn diese in ihr Wesen kommen. Wenn das Haus in sein Wesen kommt, so geht der Zimmermann hinaus, und zwar darum, weil der Zimmermann nicht ganz und gar die Ursache des Hauses ist, sondern er nimmt die Materie von der Natur; Gott dagegen gibt der Kreatur ganz und gar alles, was sie ist, sowohl Form wie Materie, und darum muß er dabei bleiben, weil sonst die Kreatur bald von ihrem Wesen abfallen würde.

14. Es spricht Johann Chrysostomus: Daß Gott in allen Kreaturen sei, das wissen wir und sagen es, aber wie und welcher Weise, das können wir nicht begreifen. Doch Meister Eckhart spricht, daß uns dies ganz klar sein kann, wenn wir für das Wort Gott das Wort Wesen setzen. Nun sehen und merken wir alle wohl, daß in allen Dingen Wesen ist. Wenn also Gott das eigentliche Wesen ist, so muß darum notwendigerweise Gott in allen Dingen sein.

15. Meister Eckhart sprach: Wie kommt der, der unwandelbar ist, und wie kommt der, der an allen Orten

ist? Zu wem kommt der, der in allen Herzen ist? Hierauf antworte ich: Er kommt nicht so, daß er irgend etwas werde oder für sich selbst irgend etwas erreiche, sondern er kommt gestaltend, er kommt, der da verborgen war, und offenbart sich selbst, er kommt als ein Licht, das da in den Herzen der Leute verborgen war und in ihrer Vernunft, so daß es jetzt geformt werde mit der Vernunft und in der Begierde und in dem Allerinnersten des Bewußtseins. Nun ist er dergestalt in der Innerlichkeit, daß da nichts ohne ihn ist, und so kann da auch nichts mit ihm sein, sondern er ist alles, was da ist, allein. Daher kommt er so, wenn er sich dergestalt in der Vernunft und in der Begierde erzeugt, daß da nichts ohne ihn und nichts mit ihm ist, sondern die Vernunft und die Begierde sind seiner ganz voll, und wer es derart merkt: nichts ohne ihn, nichts mit ihm, sondern völlig eine Stätte Gottes, der weiß selber nicht, daß er für Gott eine Stätte ist, wie David spricht: »Herr, das Licht deines Antlitzes ist ein Zeichen über uns«, gerade als ob er sagte: Du sollst schweigen und trauern und seufzen und von der Vernunft Mittel empfangen und sie lauter in deine Begierde verwandeln, auf daß du seine göttliche Heimlichkeit empfindest. Rede mit ihm wie einer mit seinen Mitmenschen redet, und so wie du, wenn du mit Gott sprichtst, »Ich« sagst, und wenn du von Gott sprichst, »Er«, so sage zu Gott: »Du.« Du sollst alle Dinge vergessen und sollst allein Gott wissen und sollst sprechen: »Du bis mein Gott, denn du bist allein inwendig, du bist allein alle Dinge.« Keine Kreatur ist Gottes empfänglich, als die nach Gottes Bild geschaffen ist, also der Engel und des Menschen Seele: die sind Gottes empfänglich, daß er in ihnen und sie in ihm seien. Andern Kreaturen ist Gott wesenhaft, sie haben ihn nicht begriffen, sondern sie können nur ohne ihn nicht Wesen haben. So steht es auch mit Gottes Gegenwart: Nicht sie sehen Gott, sondern Gott sieht sie in ihrem Allerinnersten; und auch mit seiner Macht: Nicht vermag er nichts ohne sie, sondern wir vermögen nichts ohne ihn. Darum aber, weil Gott in der Seele wie in sich selber ist, heißt die Seele eine Stätte und auch eine Stätte des Friedens, denn wo Gott ist wie in sich selbst, da ist Himmelreich und Friede ohne Betrübnis, fröhlich und freudenvoll. Eine selige Seele ruht in Gott ebenso und noch besser als in ihrem Eigentum.

Der Mensch, der völlig und rein aus sich selber herausgegangen wäre, der fände ganz und gar Gott in Gott und Gott mit Gott. Der wirkt als Gleicher: Denn alles, was er ist, das ist er Gott, und alles, was er Gott ist, das ist er sich, denn Gott ist zugleich in Etwas und ist zugleich das Etwas, und das Etwas ist zugleich in Gott und ist zugleich Gott, denn sie sind so ganz eins, daß das eine ohne das andere nicht sein kann.

16. Meister Eckhart sprach, daß wir in dem Wesen der Seele Gott gut sehen und erkennen können. Denn je näher ein Mensch in diesem Leben mit seiner Erkenntnis dem Wesen der Seele kommt, um so näher ist er der Erkenntnis Gottes. Und das geschieht allein dadurch, daß wir die Kreatur ablegen und aus uns selbst herausgehen. Du sollst wissen, obschon ich die Kreatur in Gott liebe, so kann ich doch Gott niemals in der Krea-

tur so rein lieben wie in mir. Du sollst aus dir selbst gehen und dann wieder in dich selbst: Da liegt und wohnt die Wahrheit, die niemand findet, der sie in äußern Dingen sucht. Als Maria Magdalena sich aller Kreatur entschlug und in ihr Herz hineinging, da fand sie unsern Herrn. Gott ist rein und klar: darum kann ich Gott nirgend finden als in einem Reinen. Das Innerste meiner Seele aber ist klarer und reiner als jede Kreatur; darum finde ich Gott am allersichersten in meinem Innersten.

17. Daß Gott in Ruhe ist, das bringt alle Dinge zum Laufen. Etwas ist so lustvoll, das bringt alle Dinge zum Laufen, daß sie zurückkommen in das, von dem sie gekommen sind und das doch unbeweglich in sich selber bleibt, und auf je höherer Stufe ein Dinge ist, um so lustvoller läuft es.

18. Gott kann ebensowenig Gleichnisse leiden, als er leiden kann, daß er nicht Gott ist. Gleichnis ist das, was nicht an Gott ist. In der Gottheit und in der Ewigkeit ist Einssein, aber Gleichheit ist nicht Einssein. Bin ich eins, so bin ich nicht gleich. Gleichheit ist nicht die Form des Wesens in der Einheit, dieses gibt mir Einssein in der Einheit, nicht Gleichsein.

19. Was kann süßer sein, als einen Freund haben, mit dem du alles, was in deinem Herzen ist, besprechen kannst wie mit dir selbst? Das ist wahr.

20. Was ist Gottes Sprechen? Der Vater sieht auf sich selbst in einer einfachen Erkenntnis und sieht in die einfache Reinheit seines Wesens, da sieht er alle Kreaturen gebildet. Da spricht er sich selbst, das Wort ist klares Verstehen, und das ist der Sohn.

21. Wenn man Mensch sagt, so versteht man darunter eine Person; wenn man Menschtum sagt, so meint man die Natur aller Menschen. Die Meister fragen, was Natur ist. Sie ist ein Ding, das Wesen empfangen kann. Darum einigte Gott das Menschtum mit sich, nicht den Menschen. Ich sage: Christus war der erste Mensch. Wieso? Das erste in der Meinung ist das letzte am Werk, wie ein Dach das letzte am Hause ist.

22. Das oberste Antlitz der Seele hat zwei Werke. Mit dem einen versteht sie Gott und seine Güte und was aus ihm fließt. Daher liebt sie Gott heute und versteht ihn und morgen nicht. Darum liegt das Bild nicht in den Kräften infolge ihrer unstäten Art. Das andere Werk ist in dem obersten Antlitz, das ist verborgen. In der Verborgenheit liegt das Bild. Fünf Dinge hat das Bild an sich. Erstens, es ist nach einem andern gebildet. Zweitens, es ist in sich selbst geordnet. Drittens, es ist ausgeflossen. Viertens, es ist sich gleich von Natur, nicht daß es göttlicher Natur wäre, aber es ist eine Substanz, die in sich selbst besteht, es ist ein reines aus Gott geflossenes Licht, wo nicht mehr Unterschiedenes ist, als daß es Gott versteht. Fünftens, es ist auf das Bild geneigt, von dem es gekommen ist. Zwei Dinge zieren das Bild. Das eine: es ist nach ihm gefärbt. Das zweite:

es hat etwas Ewigkeit in sich. Die Seele hat drei Kräfte in sich. In diesen liegt das Bild nicht. Aber sie hat eine Kraft, das ist der wirkende Verstand. Nun sagt Augustin und der neue Meister, daß darin zugleich liege Gedächtnis und Verstand und Wille, und diese drei haben nichts Unterschiedenes. Das ist das verborgene Bild, das löst sich aus dem göttlichen Wesen, und das göttliche Wesen scheint unmittelbar in das Bild. Gottes Wille ist, daß wir heilig sein sollen und die Werke tun, mit denen wir heilig werden. Heiligkeit beruht auf der Vernünftigkeit und dem Willen. Die besten Meister sagen: Heiligkeit liegt im Grunde im Höchsten der Seele, wo die Seele in ihrem Grunde ist, wo sie allen Namen und ihren eigenen Kräften entwächst. Denn die Kräfte sind auch ein nach außen Gefallenes. Wie man Gott keinen Namen geben kann, so kann man auch der Seele in ihrer Natur keinen Namen geben. Und wo diese zwei eins werden, da ist die Heiligkeit.

Wesen steht auf so hoher Stufe, daß es allen Dingen Wesen gibt. Wäre kein Wesen, so wäre ein Engel dasselbe was ein Stein.

23. Ein hoher Lesemeister erzählte in einer Predigt in einer hohen Versammlung diese Geschichte: Es war einmal ein Mann, von dem liest man in den Schriften der Heiligen, der begehrte wohl acht Jahre, Gott möge ihm einen Menschen zeigen, der ihm den Weg zur Wahrheit weisen könnte. Und als er in einem starken Begehren war, da kam eine Stimme von Gott und sprach zu ihm: »Geh vor die Kirche, da findest du einen Menschen, der dir den Weg zur Wahrheit weisen soll.«

Und er ging und fand einen armen Mann, dem waren seine Füße aufgerissen und voll Kot und alle seine Kleider waren kaum drei Pfennig wert. Er grüßte ihn und sprach: »Gott gebe dir einen guten Morgen«, und jener erwiderte: »Ich hatte nie einen bösen Morgen!« Er sprach: »Gott gebe dir Glück! wie antwortest du mir so?« Und er erwiderte: »Ich hatte nie Unglück.« Er sprach wieder: »Bei deiner Seligkeit! wie antwortest du mir so?« Er erwiderte: »Ich war nie unselig.« Da sprach er: »Gebe dir Gott Heil! Kläre mich auf, denn ich kann es nicht verstehn.« Er erwiderte: »Das will ich tun. Du sprachst zu mir, Gott möge mir einen guten Morgen geben, da sagte ich: Ich hatte nie einen bösen Morgen. Hungert mich, so lobe ich Gott; bin ich elend und in Schande, so lobe ich Gott: und daher hatte ich nie einen bösen Morgen. Als du sprachst, Gott möge mir Glück geben, sagte ich, ich hatte nie Unglück. Denn was mir Gott gab oder über mich verhängte, es sei Freude oder Leid, sauer oder süß, das nahm ich alles von Gott für das Beste: deshalb hatte ich nie Unglück. Du sprachst, bei meiner Seligkeit, da sagte ich: Ich war nie unselig, denn ich habe meinen Willen so gänzlich in Gottes Willen gegeben: Was Gott will, das will auch ich, darum war ich nie unselig, denn ich wollte allein Gottes Willen.« »Ach, lieber Mensch, wenn dich nun Gott in die Hölle werfen wollte, was wolltest du dazu sagen?« Da sprach er: »Mich in die Hölle werfen? Das wollt' ich sehen! Und auch dann, würfe er mich in die Hölle, so habe ich zwei Arme, mit denen umfaßte ich ihn. Der eine ist wahre Demut, den legte ich um ihn und umfaßte ihn mit dem Arm der Liebe.« Und dann sprach er: »Ich will lieber in der Hölle sein und Gott haben, als im Himmelreich und Gott nicht haben.«

24. Meister Eckharten begegnete ein schöner, nackender Bube. Da fragte er ihn, woher er käme. Er sprach: Ich komme von Gott. – Wo verließest du ihn? – In tugendhaften Herzen. – Wohin willst du? – Zu Gott. – Wo findest du ihn? – Wo ich alle Kreaturen verließ. – Wer bist du? – Ein König. – Wo ist dein Königreich? – In meinem Herzen. – Hüte dich, daß es niemand mit dir teile. – Das tu ich. – Da führte er ihn in seine Zelle und sprach: Nimm, welchen Rock du willst. – Dann wäre ich kein König, – und verschwand. Es war Gott selbst gewesen, der mit ihm einen Spaß gemacht hatte.

Bemerkungen

[...] Eckige Klammer bedeutet, daß ich die Stelle der Vorsicht oder dem Mißverstehen eines Schreibers zuzuschreiben geneigt bin – wiewohl auch E. selbst nicht weniger klug war als andere tapfere Menschen.

17 »*Mittel, Wesen, Werk.*« Diese und manche andere Worte – »*rein*« (lûter) vor allem, das absolut oder abstrakt bedeutet – sind feste technische Ausdrücke, meist Übersetzungen aus dem Lateinischen. Es wäre aber falsch gewesen, unsere abgeglätteten Ausdrücke dafür zu setzen; es muß dem Leser bewußt bleiben, daß die Zeit E.s jung war; daß es sich um eine improvisierte Sprache handelt; um Worte, die erst errungen und erbildet sind.

18 »*Niemand rührt an den Grund der Seele als Gott allein.*« Ich weiß wohl, daß wir in all diese Worte andere Nuancen legen; dafür gehen uns tausend Feinheiten aus der Situation E.s verloren. Übrigens empfiehlt es sich dringend, aus dem Poetischen und Gesteigerten immer den nüchternen Sinn auszuschälen. Man soll nicht übersehen, daß E., wenn er sagt: das Bild der Kreatur habe in den Kräften der Seele Herberge empfangen, damit kaum anderes sagen will als: die Vorstellung des Objekts sei mit Hilfe der Sinnesorgane appercipiert worden.

20 »*und in keiner andern.*« Man beachte, wie E. diese und immer wieder solche Bemerkungen unterstreicht. Es steckt für uns kolossal viel Ketzerei hinter dieser symbolischen Deutung von der Geburt des Gottessohnes. Was uns aber Ketzerei ist, erklärt uns vielmehr allein die Macht des Christentums über den tiefen, reichen Geist des Mittelalters. Man nahm nicht nur das Hohelied symbolisch, sondern auch die Erzählungen vom Leben und Sterben des Heilands. Christen gibt es nur, solange der symbolische Gehalt der Überlieferung so überwältigend wirkt, daß die Frage nach der historischen Tatsächlichkeit gar nicht aufkommt. Den Russen (Dostojewskij, Tolstoi) geht es heute noch so, nur daß ihnen nur an ethischen Symbolen, gar nicht an er-

kenntnistheoretischen gelegen ist. In Westeuropa aber hörte das Christentum in dem Augenblick auf, wo man sich zwingen wollte, an die Mythen als an lebenentscheidende Tatsachen zu glauben, weil man zur Umdeutung der Symbole nicht mehr stark genug war. Diese Art Glaube: in der Vergangenheit, an einem bestimmten Ort, sei ein für allemal Heil widerfahren, ist nur noch armseliger Erdenrest einer gestorbenen Religion; der gestaltende Geist hat sich verflüchtigt. Seitdem sind für unsere Orthodoxie alle echten Christen heillose Ketzer.

22 *»übergöttischen«* – mhd. »übergotten.« Lasson schlägt vor, »überguoten« zu lesen; völlig grund- und sinnlos. Überhaupt – Lassons Konjekturen – – –

23 *»unerkannte Erkenntnis«;* schon vorher »Unwissen«: man ist sehr versucht, an solchen Stellen »unbewußt« und »Unbewußtheit« zu setzen. Aber man muß E. tiefer nehmen als Hartmann. *»alles Gute«* u. dgl. an andern Stellen: möglichst unethisch, amoralisch zu verstehen; bei E. oft und oft zu beachten.

27 *»seelischer Zweck.«* Seliges Ende, wie der Leser des Mhd. aufzufassen geneigt ist, wäre Moralgefasel, das man erst bei späteren »Mystikern«, aber nicht bei E. suchen darf.

»Werk.« Die Stelle wird am besten verstanden, wenn man Werk mit »Organ« übersetzt.

30 *»Überform«.* An solchen Stellen ist es schwer zu entscheiden, ob der Ausdruck ein starker und kühner, oder ein geläufiger und matter ist. Jedenfalls ist »überformet« im Anschluß an das lateinische »transformare« entstanden; vielleicht also klang es E.s Zeitgenossen so glatt und unauffällig und anschauungslos wie uns das Wort »umgestaltet«. Wahrscheinlich ist das aber doch nicht, denn E. wird nicht umsonst die undichterische, bildlose – obwohl immer noch lebendige – lateinische Sprache nicht mehr ertragen haben. Jedenfalls habe ich in solchen zweifelhaften Fällen die seltene Ausdrucksweise vorgezogen, zumal der Sinn ja betrüblicherweise gar sehr derselbe bleibt: Auch wenn sich die Sprache übergipfelt und auf den Kopf stellt, ist die »Überform« nichts anderes als eine unbekannte und nicht weiter zu beschreibende Veränderung.

»Empfangen.« Wer das mhd. »lîden« mit »leiden« wiedergeben

wollte, trüge in E. eine Sorte Mysticismus hinein, die in diesen Zusammenhängen ganz fern von ihm war. Es bedeutet lediglich Passivität, wobei E. mehr an ein erfreuliches Beschenktwerden als an Schmerz erleiden denkt. Es berührt sich meist mit dem Sinn des Wortes »vernehmen« (Vernunft!), das E. lieber anwendet als unser »wahrnehmen«. Diese seine Freude an der passiven Vernehmung im Gegensatz zur aktiven Wahrnehmung hängt damit zusammen, daß ihn das Hören, dessen Eindrücke mehr seelischer Art sind, das die Außenwelt in subjektive Gefühle verwandelt, wertvoller dünkte als das materialisierende Sehen, das die Außenwelt, die Bilder und Kreaturen, herstellt und von uns trennt. Um deswillen ist das »Leiden« die Vereinigung von Ich und Welt, von Seele und Gott, aber nicht, wie schon E.'s nächster und begabtester Jünger, Seuse, in seinen dichterischen Schriften und Bekenntnissen vertrat, um des Schmerzes willen. Immerhin schwingt freilich schon bei E. diese Nuance des Leidens manchmal etwas mit. Keine Zeit kann aus ihrer Sprache heraus; und so ist es möglich, daß die Askese des Mittelalters zu großem Teil auf diese Doppelbedeutung des theologisch-psychologischen Begriffs lîden (pati), in Verbindung natürlich mit der »Passion« Jesu Christi, zurückgeht. Das schmerzliche Leiden war ein beglückendes Empfangen; wer still hielt, wurde beschenkt; es war also nützlich zu leiden. – Zu derselben Stelle des Textes und zu vielen andern sei noch bemerkt: »Liebe« und »lieben« hat bei E. fast immer die Nebenbedeutung, oft vorwiegend die Bedeutung: »Wille« und »wollen«. Wo er von »Liebe« und »Erkenntnis« spricht, meint er »Wille und Vorstellung«.

37 *»Buch der Geheimnisse«* – Apokalypse.

45 Fast allen Predigten E.'s ist ein Vulgata-Text vorgesetzt, der in dieser Ausgabe meist wegfiel.

61 *»Einer unserer ältesten Meister«:* Kratylos.

64 *»eine Mücke.«* Der Begriff des Unendlichen fehlt E. vollständig, fürs Kleine wie fürs Große; für letzteres sagt er etwa: »so weit du zählen kannst.« – Daß ihm die Correlatbegriffe »positiv« und »negativ« fehlen, wird der Leser aus der Rede vom »Nichtwissen« entnommen haben, man erinnere sich der mühsamen

und eben darum wundervollen Anstrengung, das mystische (positive) Nichtwissen vom gemeinen zu unterscheiden.

»Er gebiert seinen Sohn.« Dazu und zu manchen anderen Stellen: die mythenbildende Kraft war damals noch nicht gestorben. Das Christentum lebte, weil es noch nicht fertig war; weil es die Form war, in der die junge, ringende Wissenschaft sich äußerte. Es ist oft auch in E.s Bewußtsein nicht zu unterscheiden, was Symbolik ist, und was er naiv glaubt, obwohl er es im Moment erfindet (schaut). Alles Erfinden und Auffinden ist bei beginnenden Menschen ein Schauen und eine Offenbarung; alle geniale Betätigung ein Versinken in Gott. Ich empfehle dem Leser, sich das Wort »Mystik« ab und zu mit »Genialität« zu übersetzen, dabei aber zu erwägen, daß er damit das Unbekannte durch etwas keineswegs Bekanntes ersetzt.

119 Die Predigt »Von der Erneuerung des Geistes« enthält viel ungenießbare Scholastik, aber dazwischen tiefste Weisheit. Das ist oft so bei E., die Fragmente sind fast alle aus bergehohem Wortschutt ausgegraben; ein Zeichen, daß das, was uns Asche und tot ist, seinerzeit ein notwendiges Denkelement war. Das Scholastische in dieser Predigt – und auch sonst manchmal; wäre dadurch nicht das dichterisch Große verloren gegangen, hätte ich daran gedacht, alles Überlieferte in Aphorismen aufzulösen – nehme der Leser als Beispiel für das Viele, das in dieser Ausgabe weggelassen ist. In diesem geringen Maße muß das geistige Milieu E.s den Lesern vertraut werden. Denn ohne gründliche Kenntnis der Scholastik ist E. historisch nicht einzuschätzen; er wurzelt völlig darin. Man darf nicht übersehen, daß er aus einer völlig andern Sprache (Weltanschauung) heraus zu Resultaten kam, die sich mit unsern kühnsten Phantasien wie mit unsrer abgründlichsten Skepsis so nah berühren. Beachtete man nur das Sprachliche, das bewußt Gewordene, so müßte man sagen, er sei aus lauter Irrtümern und falschen Prämissen zu dem gekommen, was wir fast Wahrheit nennen möchten. So geht es immer und uns nicht besser.

E. war also scholastischer Realist, ein Anhänger der Ideenlehre Platons, den er den »großen Pfaffen« nennt. Die Ideen nennt er »vorhergehende Bilder«, versteht aber darunter kaum etwas anderes als wir mit Zuhilfenahme des Begriffs der Vererbung »Art« oder »Gattung« nennen, die ja wirklich das sind, was den konkreten Individuen vorhergeht, zu Grunde liegt. Die »vorhergehenden Bilder« sind in Gott, und »daher gebiert der Mensch einen Menschen, der Löwe einen Löwen, der Falke einen Falken.« »Die Rose wächst aus einer Rose, nicht aus einem Kohlkopf.« Von seinem großen Meister Thomas zitiert er das Wort: »Die vorhergehenden Bilder sind ein Ursprung oder Anfang der Schöpfungen aller Kreaturen.« Damit soll aber nicht die Konstanz der Arten im Gegensatz zur Variabilität behauptet werden; diese Frage war noch kaum geboren – obwohl E. in der Predigt »Von der Natur« auch daran rührt –; sondern es wird der Zusammenhang aller Individualorganismen in einer höheren verborgenen Einheit betont – wir nennen's Vererbung, statt Anfang oder Ursprung sagen wir Prinzip, tun aber mit dieser unsinnig-unsinnlichen Sprechweise bedeutend weniger zur Formulierung des Rätsels, als die Realisten des Mittelalters getan haben. E. hätte sich gewiß – sehr anders als unsre Darwinisten – mehr über die Vererbung als über die Anpassung gewundert. Ihn erstaunte nicht, daß die Grasspinnen so ungleich, sondern daß sie so gleich seien.

Ich bemerke hier, daß sich in dem, was in diese Ausgabe nicht aufgenommen ist, viel Bezeichnendes für die Naturanschauung E.s und seiner Zeit findet, wie auch sonst manches kulturhistorisch Interessante. Aber dies Buch verfolgt durchaus keine historischen Ziele; wer Geschichte erforschen will, muß sich ja jeden Falles an das Original halten. Ebensowenig geht dieser hier herausgebrachte Meister Eckhart auf Erbauung oder Ethik; sonst hätte ich z. B. die in ihrer Art trefflichen Reden in collationibus nicht weglassen dürfen. Aber mein Ziel ist lediglich: der lebendige Eckhart. Er wirke in diesem Bande durch seine eindringende Skepsis, durch sein Ringen um die Welterkenntnis und Selbsterkenntnis, durch seine dichterische Gewalt, seine königliche Sprache und sein grundgütiges lebensfreudiges Wesen. Alles andere geht nur die Gelehrten an.

Eine einzige Stelle bleibt mir noch außer dem Zusammenhang anzuführen. Sie möge hier stehen, da die Predigt, aus der sie stammt, die Übertragung nicht lohnt und da sie auch für die Fragmente zu abgerissen wäre. Mitten in der schauderhaftesten Wortklauberei findet sich der Satz: »Und also bedeutet das Wort ›Ich‹ die Istigkeit göttlicher Wahrheit, und es ist ein Beweis dafür, daß etwas ist.« Eckhart sagt also, feiner als des Cartesius Cogito ergo sum: Cogito, ergo est aliquid.

107 *»Es hat jedes das, mit dem es eins ist.«* Wir sagen spezifische Sinnesenergie, und wissen auch nicht viel mehr.

120 *»Vom persönlichen Wesen.«* Diese Predigt ist uns nur in einem späten und verderbten Text überliefert. Ich habe versucht, den Sinn einigermaßen zu rekonstruieren; man wird aber gut tun, sich an das zweifellos Echte zu halten, also nicht an das Syntaktische, sondern an die Terminologie.

162 *»so hat sie die Seele doch sprachlich mit Unterscheidung.«* Sprachlich – im Original steht »redelich«. Es läßt sich hier wie an manchen andern Stellen nicht entscheiden, ob die Nuance »Sprache« oder die Nuance »Vernunft« vorwiegt. In »redelicheit« ist die Nuance »Sprache« fast verlorengegangen, es bedeutet »Vernünftigkeit.« Wie auch immer – der Mittelhochdeutsche dachte an die Rede, wenn er von der Vernunft sprach, dagegen gar nicht an das, was wir heute »Redlichkeit« nennen. Indessen ist hier die Bedeutung »sprachlich« die wahrscheinlichere, weil kurz vorher von der »Sprache der Sprechenden« (rede der redenden) die Rede war.

192 *»Das erste in der Meinung ist das letzte im Werk.«* Dieser Satz findet sich häufig bei E.; er ist seine in ihrer Knappheit vorzügliche Definition des *Zwecks*. Was zuletzt in die Erscheinung tritt, muß von Anfang an dagewesen sein – als vorhergehendes Bild oder Idee. Nicht das Erworbene im Individuum ist das Göttliche, sondern das Menschtum, das ewige Erbteil. Unsere eben erst sich regende Neoteleologie, die als Widerspruch oder zur Ergänzung der Kausalitätshypothese auftritt, wird sich ruhig bei den Realisten des Mittelalters umsehen dürfen. Der alte Mann mit dem weißen Bart ist so gründlich tot, daß man wirklich daran gehen darf, den durchaus nötigen Begriff »Zweck« neu zu deuten, ohne zu fürchten, der Tote könne dadurch wieder belebt werden. – Bei E. ist das, was allen gemein ist, nicht

das Gemeine, wie wir es jetzt verstehen, auch nicht das Allgemeine und Philisterhafte, sondern das Erlesene, Besondere, Urindividuelle. Er war eben ein »Realist« andern Stils als unsere Realitätenkrämer; die »Natur aller Menschen« ging ihm in die ewige Vergangenheit hinab, die ihre Zwecke in die Gegenwart wirkt. Näheres über diese Zusammenhänge in meiner Schrift: »Skepsis und Mystik«, die von F. Mauthners Kritik der Sprache ausgeht und immer wieder zu Eckhart zurückkehrt.

Das ist der Meister Eckhart,
der auf ein Haar verbrennet ward.
Buch, geh nun aus in seinem Namen.
Und meide dumpfe Geister.
Amen.

Inhalt

Predigten

Traktate

Fragmente und Sprüche

Zu dieser Ausgabe

insel taschenbuch 1302
Meister Eckhart, Mystische Schriften

Aus dem Mittelhochdeutschen übertragen und mit einem Vorwort versehen von Gustav Landauer. Der Text folgt der Ausgabe: Meister Eckharts mystische Schriften. In unsere Sprache übertragen von Gustav Landauer. Karl Sehnabel (Axel Junckers Buchhandlung), Berlin 1903. Umschlagabbildung: Salvador Dalí, Galas Christus. Öl auf Leinwand, 1978. Museum Ludwig, Köln.

»Das Leben lieben«

Anthologien im insel taschenbuch

Glück. Erkundigungen, eingeholt von Gottfried Honnefelder. it 1459. 377 Seiten

Träume sind wahr. Gedanken zur Nacht. Ausgewählt von Rainer Weiss. it 2737. 176 Seiten

Die Gunst des Augenblicks. Von der Kunst, in der Gegenwart zu leben. Herausgegeben von Hans-Joachim Simm. it 3005. 158 Seiten

Die Kunst, glücklich zu sein. Asiatische Lebensweisheiten. Herausgegeben und Ausgewählt von Ursula Gräfe. it 3124. 117 Seiten

Das Leben lieben. Ausgewählt von Rainer Weiss. it 2634. 176 Seiten

Lob der Faulheit. Geschichten und Gedichte. Ausgewählt von Joachim Schultz und Gerhard Köpf. it 3072. 220 Seiten

Orte der Seele. Gedanken über das Jenseits. Herausgegeben von Hans-Joachim Simm. it 2238. 327 Seiten

Von der Versöhnung. Texte zum Nachdenken. Ausgewählt von Hans-Joachim Simm. it 2779. 160 Seiten

Von der Würde des Menschen. Ausgewählt von Hans-Joachim Simm. it 2545. 151 Seiten

Was also ist die Zeit? Erfahrungen der Zeit, gesammelt von Gottfried Honnefelder. it 1774. 284 Seiten

NF 18/1/1.09